人文梅陇丛书

谢林殷 主编

印象梅陇

上海人民出版社

● 春申
● 益梅小院
● 锦江乐园

● 社区党建服务中心

十园十景

- 中 庚
- 吴介巷养老之家 | 南方连廊
- 虹梅南路高架

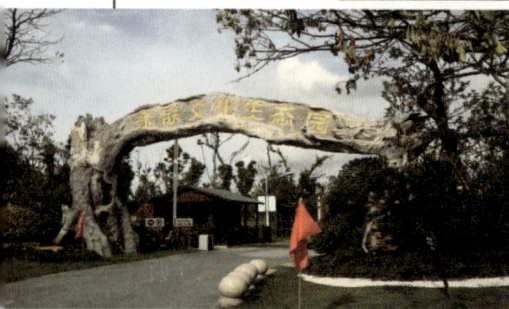

● 叠翠园

● 滴翠园

● 永联文化生态园

● 廉洁文化公园

十园十景

- 闻翠园
- 得翠园
- 梅陇好人公园
- 听翠园

● 莲花南路高兴[

● 国防公园

● 文化长廊

● 永联村

十园十景

丰盛河

沪闵路万源路 · 集心公园

· 文化客堂间

编委会

主　任　杨建华

编　委　管　燕　施佩玉　何红梅

　　　　　谢林殷　赵　辉　刘辛培

目 录

陇上人物

乡愁·乡音

梅陇时评

转型发展

后　记 ⋯⋯⋯⋯376

印象梅陇

岁月如歌（代序）

谢林殷

在人的一生中，总有一些岁月是无法忘却的，它不会因为时光的流转和变换而消逝，只会随着时间的叠加和沉淀而更加厚重，正如一曲长歌永远回荡在我们的心扉。

春去春来、花落花开，没有人能够摆脱时间的法则和自然的定律。我们唯一能做的就是用敬畏之心、感恩之心铭记这段岁月，回报这片土地。从而立至不惑，不经意间已知天命。蓦然回首，多少人被岁月改变了容颜、多少人被风霜染白了黑发，只有风雨无阻，只有初心不改。

时间是无私的，只要你行走，就会留下脚印；时间又是公正的，如果你晚点，就会错过美丽的邂逅。感谢时间的馈赠，让我们在踏歌前行中，领略岁月的静美，饱览沿途的风景，聆听时代的脉搏，感受追梦的力量，记住身边的感动。

感谢一路有您同行，让我们感悟团结的力量，体验友谊的真谛，共享成功的喜悦，诠释奋斗的精彩。

曾记否？北优南拓*、一路一带*，梅家弄*里数风流；

曾记否？固本强基、振兴乡村，曹家桥*畔留乡愁；

曾记否？推进改革、勇于创新，春申塘*上立潮头；

曾记否？培育人文，构建和谐，追求卓越争上游；

曾记否？嘘寒问暖、倾听民声，牢记宗旨解民忧……

时间是一位雕刻大师，他的鬼斧神工不但为我们开辟了波澜壮阔的历史画卷，而且正在为我们开启一个崭新的时代。这是一个每个人都有机会造梦、追梦、圆梦的时代。我们庆幸我们是这个时代的经历者、实践者、见证者。在全新的时空节点中，我们要善于从历史的角度、现实的维度和时间的刻度中找准前行的目标；要勇于在国家命运、民族命运、个人命运的内在逻辑中找准人生的坐标。

岁月不会静止，历史不会不通往现在。当我们静下心来，在此起彼伏的脚步声中找寻过去、现在和未来之间的联系，我们可以发现：改革、创新永远都是时代的最强音。我们还可以发现：坚守、创造与再出发才是人生的意义所在。也许，在岁月的长河中，我们只不过是那几朵毫不起眼的浪花，但我们依然很骄傲，因为我们都是岁月的歌者。

岁月印记

*注

北优南拓："北优南拓、双轮驱动"是梅陇发展的中长期战略。

一路一带：指虹梅南路高架和梅陇外环生态重大工程。

梅家弄、曹家桥：今日梅陇由原梅陇镇和曹行镇合并而成。梅陇旧名梅家弄，曹行镇原名曹家桥。

春申塘：梅陇的母亲河之一。

印象梅陇

历史印记

梅陇的历史印记

当年梅家弄

梅陇老镇，原名梅家弄。

相传，明成化年间，有梅姓人氏自安徽宣城经商到此，后入赘褚家弄褚姓人家，婚后生两子，渐人丁兴旺，扩建新房，遂形成弄堂屋群，因梅姓人丁胜过褚姓，人们改口称之为梅家弄。

清嘉庆年间，商市日盛，梅家弄市远近闻名。可是，在上海地区，当时有三个出名的梅家弄。南市老城厢有东、西两个梅家弄，而且同属上海县。异地同名，常造成麻烦，尤其是邮政信函差错颇多。1931年，当地绅士拟将梅家弄改称"梅龙"（取龙与弄谐音），可又觉得与乾隆皇帝下江南时所到的"梅龙镇"相混，就商定用"陇"字，既有别于他人又具田园特色。1933年上海市政府发布通告，梅家弄改名梅陇镇成为定论。

20世纪90年代，镇政府迁离老镇后，房地产开发迅猛，镇貌巨变。同时，行政区划有变，东部地区划归徐汇区。

老梅陇街道

老镇南街

梅陇老街

印象梅陇

朱行镇老街

朱行镇老街，北临淀浦河，南傍老春申港。宋代已有民宅，明代朱瑄家族世居，俗称朱家巷。清乾隆年间称镇，嘉庆时称市，同治年间老春申港疏浚，附近店铺移此，市面更盛。"巷"、"行"音谐，遂称朱行镇。民国十七年（1928）市、县分治，以混堂桥为界，镇分治于上海市和上海县、松江县。东西向老街，长约200米，宽仅二三米。1949年有商店45家，其中茶馆8家、油酱店7家，烟什和豆腐店各4家、饭店3家。轧花厂4家。老街有一株300岁树龄古紫藤。后朱梅公路越镇而过，分为东、西两部分。

朱行老街

红木家具

　　朱行地区曾经是海派红木家具的制作中心之一。20 世纪 50 年代，上海市政府将原来市内及城隍庙老城厢的红木艺术家具工厂逐一迁到梅陇镇境内虹梅南路与莘朱路交叉的朱行老街，此处就成为了上海有名的红木家具制作集散地，许多家具出口到美国、日本、新加坡等地。其中，最为著名的便是 1965 年迁至朱行地区的"上海艺术品雕刻四厂"，其产品全部外销，为海派红木家具出口赢得了声誉。

曹家行兴衰

明代时，当地有御使曹闵宅第，建石桥，名曹家桥。后有丁姓艺人定居于此，见曹氏渐衰，购其房产，繁衍子孙。清初遂成集市，嘉庆年间称曹家行市。聚落沿马屯港呈东西向矩形分布，后形成东、西、中三条街市，呈工字形。因棉纺织业衰落和抗战烽火，至1940年前后，商市难兴。1949年，有52家商店，从业人员90人，其中南什货店10家、理发店7家、茶馆5家、豆腐店4家、鲜咸肉庄4家。1949年后，为曹行乡政府所在地。

20世纪曹行公社办公用房旧址

春申塘

《上海县水利志》所载：春申塘，又名莘村塘。传说为战国时期春申君开浚，故称春申塘。春申塘为黄浦江重要支流之一。西起北竹港，向东穿越北横泾进入徐汇区，在华泾和关港之间入黄浦江，闵行区境内长8公里，途经梅陇镇，是贯穿淀南水利大控制片的骨干河道。

自春申塘开浚以来，各朝政府均十分重视河道整治。《上海县县志》及《闵行区区志》记载：公元1292年，上海县建立，属松江府，设治所于华亭海市舶司属。《上海县水利志》记载，自天启元年，春申塘曾进行过11次记录在册的大规模整治。明代3次，清代4次，民国2次，中华人民共和国成立后2次……纵观历史，春申塘是一部流动的史书，记录和传承了中国劳动人民对地方水利设施进行建设、维护的丰富经验和智慧。

整治后的春申塘有效提高了周边地区的防汛排水能力，改善了水质、水环境，成为集防汛、排涝、航运、休闲、生态于一体的多功能景观河道。

春申塘

翁板桥

　　翁板桥是古桥名，也曾是本地集镇名。位于集心村，今上海春城。这里曾经成为上海县与松江县临界地，抗日战争时期成为通往上海市区的交通要道，一度繁荣成市，沿桥侧有商店30余家，居民百余户，时称"翁板桥赛莘庄"。抗战胜利后，市面衰落。

　　跨春申塘的石桥桥身现仍完好。

翁板桥

敦义桥

位于梅陇镇朱行村老街东尽头南（虹梅南路 1258 弄）。清光绪十年（1884）建。独孔石拱桥，拱跨 7.2 米，拱高 3.8 米。长 8.6 米，宽 2 米，南北跨向，各有石阶 13 级，桥南有石扶栏，抗战时期扶栏被日军毁坏。现北半部上造有房屋，南半部上面杂草丛生。2003 年 3 月 19 日，由闵行区文广局公布为不可移动文物。

敦义桥

南宋张珒墓

南宋张珒（jīn）墓位于朱行镇东南隅。1958 年 7 月，在基本建设工程中发现。

此墓系一砖室墓，四壁都用砖砌，上下两层，每层分为两间。上层出土墓志 1 方、承棺铁牛 4 头。牛高 8 厘米、长 14 厘米。下层出土石雕执座道教神像 1 尊，雕砖神像屏 1 座，圆肚、长颈、盆形口影青瓷瓶 1 只，葵花铜镜 1 面，唐开通元宝钱 9 枚，宋大观通宝钱 1 枚。今均藏上海博物馆。

墓主人张珒，字叔和，华亭县人，享年 52 岁。嘉定七年十二月六日葬于高昌乡钱漕之北。生前赠承信郎衔。

随葬的石雕道教神像（石真，似为"太上老君"），呈坐姿，头上束一发髻，身穿宽袖道袍，右手持一拂尘。器高 29 厘米。砖刻插屏正面浮雕的是一位坐着的老道，衣着宽袍，袍边框涂朱色，手执如意，双目直视，身旁一侍僮，手捧一荷叶托着的乌龟，背靠一棵枝叶繁茂的苍松；插屏背面刻有两行楷书"石若烂，人来换"，意把石质人形作为替身质于神灵，如果石像烂掉，它所代替的生人才会死亡进入墓中换去石像。

石雕道教神像

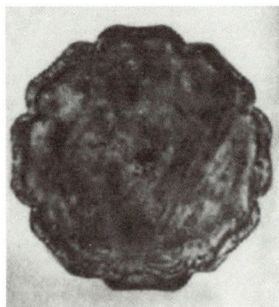

葵花铜镜

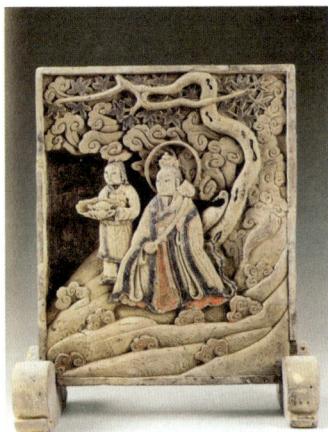

雕砖神像屏

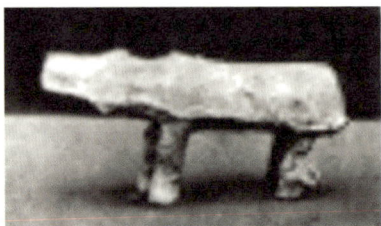

镇墓铁牛

青白釉贯耳瓷瓶

印象梅陇

明代朱氏三世墓

墓在莘朱路四号桥南，当地俗称"尚书坟"。墓有三座七穴。基地有华表、石兽、翁仲等 10 余件，均残缺。1958 年，出土墓志、朝服、铜镜、酒具、玉饰、金簪等物，今藏上海博物馆和闵行博物馆。

朱氏三世

朱慎恒，又名孟庸，官至监察御史。娶陆氏生朱瑄。祖上为河南通许人，随南宋朝廷南渡，以松江地僻可避兵难，选择七宝镇安家，后迁莘庄地区。祖父朱道华，父亲朱士清。

朱瑄（1415～1498），字廷珍，号钝庵。自幼聪慧，能赋诗有奇句，明正统十三年（1448）成进士，授御史，官至山西按察司副使。享年 83 岁。

朱恩（1452～1536），字汝承，朱瑄之子。明成化二十年（1484）登进士，官至礼部尚书。返乡居住近三十年，以法书名画自娱，享年 84 岁。

1958 年拍摄朱恩家族墓地现场

雕漆盒装铜框镶木透雕革带

雕漆革带盒

白玉首簪、玉发叉

青玉束发梁冠、玉簪

银壶、勺、高足杯、
盅、双鱼纹盘

印象梅陇

处士梅松崖夫妇圹志

1952 年，在朱行地区出土一圹志石。正方形，边长 53.2 厘米。盖篆书"故松崖处士梅公彭县闺人潘氏圹志铭"。

梅松崖，生于明洪武五年（1372）正月，卒于正统七年（1442）十月，娶潘氏。有德才而隐居不愿做官，为处士。

"圹"，墓穴，即指坟墓。"处士"，古时候称有德才而隐居不愿做官的人。

处士梅松崖夫妇圹志盖拓片

义井栏圈

　　原位已无考，后迁于陇兴村许家塘 13 号。建于明万历四十二年（1614）八月。用整块青石凿成，外呈六角形，内呈圆形。上刻有"义井"、"万历甲寅岁"、"孟秋吉日造"等字样。

义井栏圈

旧时庙宇

成仁庵

成仁庵，俗称省殿子庙，位于曹行镇东南爱国村陈家里后面（今双柏路 789 弄 1 号对面）。初祀明张忠、穆肯，堂后奉大士像。清咸丰十年（1860）毁于动乱。光绪五年（1879）重建，光绪十年十二月（1884）重新修葺。庙产颇丰，有庙田 63 亩。民国十年（1921）地方士绅捐资修整。原有三排正房，共 36 间。前为森罗殿，供十殿阎王；中厅灵宵宝殿供玉皇大帝；后厅为观音殿。前、中厅之间的庭心是一鼎青铜大香炉，两侧厢房供城隍及刘、关、张三结义偶像。庙河四周环绕，隔河桥堍有一高丈二、宽九尺画着大麒麟照壁，庙前立有两棵百年银杏。1951 年冬，庙内神像全部被毁。1959 年，公社建造大礼堂时庙屋被拆，银杏被伐。

泰山堂

泰山堂，位于原朱行镇东街（今虹梅南路 1258 弄 108 号右侧）。《上海县二十六保志》记载："创造莫知何时何人所造，光绪丙午年（1906）住持发尼，以梵咒之力创造前宇。"1949 年时，有房屋 11 间，土地 14 亩，神像 13 尊。后神像毁于"文革"期间，房屋改为朱家行大队办公室。旧时农历六月十九为庙会日。

华春庙

位于今华二大队乔家库。建于清乾隆年间，民国初大修。供观音、县城隍、杨老爷等。旧时农历二月十九、六月十九、九月十九为庙会日。

钱粮庙

位于今老沪闵路。旧时农历三月二十八为庙会日。

河塔庙

位于曹行。旧时农历正月十三为庙会日。

施相公庙

位于朱行镇西里行，有庙地5.4亩，住持为妙慧法师。供奉"护国镇海侯施府君"，相传为"红脸神医"。1949年5月，被国民党军队烧毁。旧时农历七月初七为庙会日。

关帝庙

位于今车沟村。旧时农历五月十三、九月十三为庙会日。1937年8月，遭日军飞机轰炸。1962年拆除。

罗王庙

位于集心村老宅里。传说，清代有夏姓富户住房门前有石雕秦叔宝、尉迟恭看门。一风水算命先生言此地乃凤凰富地，夏氏为留住凤凰建罗王庙。1949年时住持朱吟香，有房10间。1952年，庙内改建为里塘乡乡政府。1955年庙房拆除，改建为集心大队办公室及棉胎加工厂。

西宁庵

西宁庵原有房屋 10 间，庵田 3.11 亩。1949 年前在庵内办小学。1950 年改建为老宅里小学。

观音堂

在曹行镇北，始建于明代末。清光绪十五年耳房设务仁堂。

旧时庙宇

老照片中的梅陇

时光是一本岁月沉淀的书，当我们翻阅那些旧时光，记忆里模模糊糊的梅陇往事，浮现在眼前。

老照片是看得见的历史，是有温度有良心的历史记录与呈现者。老照片，凝聚着老感情，见证着梅陇的发展，也承载着梅陇人的记忆。

翻阅老照片，几十年前的梅陇重新"走进"我们的视野里，让历史故事闪耀出时代的思想光芒，让我们欣然沉浸在老照片的世界里，沉浸在对一段段过去故事的遐想中：知识分子下农村、梅陇乡土改讨论会、梅陇乡土改插白旗、龙华区供销合作社梅陇供应站装配出售双轮双铧犁、雪中挑青菜、大环棚蔬菜生产……

无端的思维在穿越历史的时空，重新捡拾起尘封数十年梅陇的岁月印记、历史变迁。

沉静下来的东西，是有质感的，有生命力的；沉静下来的情感，是长久的；沉静下来的故事，写满了回忆的旧时光，品着，慢慢入心。

印象梅陇

20 世纪 50 年代农家住宅

20 世纪 50 年代
粮食作物脱粒

20 世纪 50 年代知识
分子下农村，与农村
姑娘结成夫妇

20 世纪 70 年代菜田浇水

"亨卖头"——20 世纪 70 年代雪中挑青菜

20 世纪 70 年代菜田施肥

20 世纪 70 年代生产队粮食过磅入仓

20世纪70年代送菜
到蔬菜收购站

20世纪70年代灶间

20世纪80年代大环棚蔬菜生产

1951 年梅陇乡土改插白旗

1951 年梅陇乡土改讨论会

1955 年 4 月 12 日龙华俞家东宅（现梅陇二村）
农业合作社花农移植苍兰

1955 年 10 月 22 日棉花送收购站

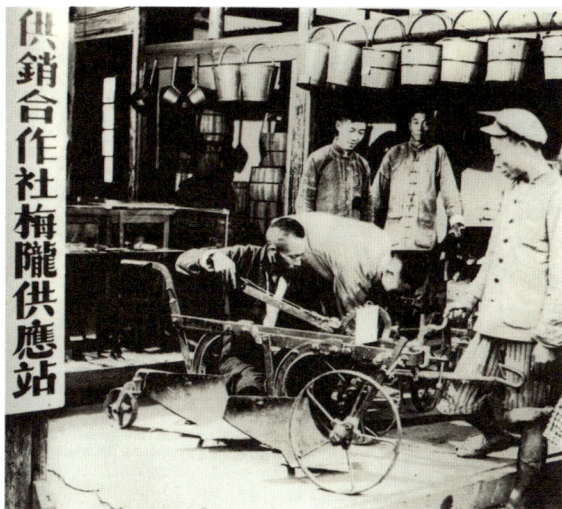

1955 年 11 月 13 日龙华区供销合作社梅陇供应站装配出售双轮双铧犁

1957 年 12 月 10 日西郊区梅陇乡陇西社种花技术员俞金福在大门前欢迎下乡落户的干部们

1958 年拍摄朱恩家族墓地现场

淀浦河航运

沪闵路，今莲花路附近

上海市龙华区梅陇乡农
民庆祝土改胜利完成

印象梅陇

梅陇的文化意象与城市气质

谢林殷

意象是中国文化特有的范畴，文化意象是文艺美学中的概念。城市气质是一个城市历史底蕴、文化个性、自然环境、发展脉络和人文精神的综合反映。它们的形成不但经受了漫长岁月的冲刷，更凝聚着一个地区、一个民族的智慧和历史文化。

梅陇是一座历史悠久的江南小镇，虽然因为历史际遇的不同和人文环境的差异，未能孕育出如"马桥文化"、"七宝古镇"等极具地缘特色的历史文化符号，但历史演进的脚步依然在梅陇留下了深深的烙印。

历史烙印：一枝"梅"、一座桥、一条河

先从一枝"梅"讲起。梅陇与"梅"结缘既是一个偶然，也是一个历史的必然。梅陇旧名梅家弄，而梅家弄则是因"梅"得名。相传明成化年间来自安徽宣城的梅姓人家在此经商，渐人丁兴旺、扩建宅邸，形成街弄，人称梅家弄。此后，梅家弄虽几易其名，而"梅"字始终保留。但这个富有诗意的"梅"字却已经成为一个文化烙印镌刻在梅陇人的心中，并为后人带来了无限的遐想。人们望

"梅"生义，"梅开陇上"、"陇上花开"逐渐成为梅陇人记住乡愁的文化意象，也成为人们辨识梅陇的"城市二维码"。我想，这个文化意象的形成既是对梅姓先人的尊重，也是梅陇人对于梅花高洁品格的认同，更是对美好生活的向往。

再说一座桥。梅家弄因梅得名，而曹家桥则是因桥得名。传明代时，当地有御史曹闵宅第，建石桥，名曹家桥。据《明史》记载，"曹闵，上海人。弘治九年进士，为沙县知县，后任监察御史。正德年间，因弹劾刘瑾而被征，民号泣攀留，累日不得去。既与昆等同得罪。后当起官，以养母不出。"虽笔墨不多，但其忠、孝、义、勇、廉的生动形象已跃然纸上。

由此，我们就不难理解，在当时河流纵横、桥梁众多，其他姓氏（如丁氏、蔡氏）家族也相当兴旺的曹行地区，为什么人们不称之为"丁家弄"或"蔡家塘"，而独称之为"曹家桥"。这段历史已无法考证，但我们可以做一个大胆的猜测：曹行地名的形成，不单是因为曹闵官至监察御史，更多的应该是后人对曹闵的怀念，对好官文化的推崇。

最后说说一条河。梅陇是一个典型的江南水乡，河流众多，这里想重点说说上海的历史名河春申塘。春申塘流经松江、闵行、徐汇，全长约 8 公里，其中梅陇段约 3.8 公里。据《上海水利志》记载：春申塘又名莘村塘。传说为战国时期春申君开浚，故称春申塘。自春申塘开浚以来，历朝历代都十分重视河道整治，仅《上海县水利志》就记载着自建县以来历史上较大规模的河道整治就有 11 次。春申塘的历史既是中华农耕文化的文明历史面貌，更是一部人与自然的奋斗史诗。春申塘不但用她的乳汁养育了两岸人民，而且留下许多关于春申君的动人故事和文化遗存，更成为后人心中的一个文化图腾。这对于水乡梅陇文化意象和城市气质的形成影响不但巨大，而且深远。

文化缩影：江南文化、海派文化、乡村文化

历史积淀在文化里，文化蔓延于历史中，同时又交集、汇聚于城市——这是一个城市文化和气质形成的基本脉络。由于梅陇独特的地理位置、历史进程和自然环境，使之成为江南文化、海派文化和乡村文化融合的一个缩影。

"江南好，风景旧曾谙。日出江花红胜火，春来江水绿如蓝。能不忆江南？"江南就像一个摇篮，她孕育了独特的江南文化，滋养了温婉如玉的江南，创造了多姿多彩的江南文学；她的美让人如痴如醉，让文人墨客们流连忘返。上海师范大学刘士林教授认为，自成一体的、具有独特的结构与功能的某种区域文化，通常具备两个基本条件：一是区域地理的相对完整性；二是文化传统的相对独立性。江南文化正是这样一种相对独立的区域文化，从审美文化的角度看，江南文化的本质是一种诗性文化。也正是在诗性与审美的环节上，江南文化才显示出它对儒家人文观念的一种重要超越。叶千华说：江南文化是一种意境文化，一种诗情文化，一种画意文化，一种韵味文化，一种秀美文化。它蕴含在山水花木月夜晨昏之中，在雨露岚雾中缠绵，有着禅意般的美丽。它是中国文化的重要组成部分和地方文化的杰出代表。

梅陇地处江南，流淌着江南文化的血脉，至今依然可以寻觅到江南文化的许多历史遗存，比如极具江南传统文化特色的南春华堂等。

海派文化植根于古代吴越文化和明清江南文化，并在从近代向

现代演变过程中，通过中西文明的交流融合孕育而成。从整体上看，所谓吴越文化与江南文化都是从精耕细作的生产方式为基础而产生的农业文明，在这片区域内，商品经济的发达以及文化教育的兴盛不仅塑造了江南地区相对开放的社会风气，也形成在文化上重视实利、讲求精细的总体特征，而这也必然成为了海派文化的历史积淀。从历史的角度看，1843年的开埠是上海都市化和现代化进程的开端，也是海派文化形成其独特个性的开始。海派文化的生成实际上是特定的地理环境、经济背景、历史机遇、文化传统等诸多要素形成合力的结果，它们共同构成了海派文化的鲜明个性。它不仅是中国近现代都市文化的杰出代表，而且在很大程度上影响到20世纪中华民族的价值观念和生活方式。从梅陇来看，比较有代表性的是朱行海派红木文化的形成。

在中国古代社会里，乡村文化是与庙堂文化相对立的一种文化。乡村文化是传统文化生民的家园，是乡民在农业生产与生活实践中逐步形成并发展起来的道德感情、社会心理、风俗习惯、是非标准、行为方式、理想追求等，表现为民俗民风、拓展生活和行动章法等，相对于城市的狂躁、复杂与多变，乡村则有着更多的诗意和温情，它承载着乡音、乡土、乡情以及古朴的生活，恒久的价值与传统。在城市化背景下，农村的大量消失并不意味着乡村文化的消亡，相反，乡村更加稀缺和珍贵，乡村依然是人们心灵的寓所。乡村文化在乡村治理中发挥着重要作用。在人们的记忆中，乡村是安详稳定、恬淡自然的象征，是人们魂牵梦绕的地方。乡村文化具有极为广泛的群众基础，在民族心理和文化传承中有着独特的作用。历史上，梅陇、曹行地区一直是上海的城乡接合部和农村地区，这为梅陇孕育出了既有江南特色、又具海派特点、更具传统特征的乡村文化并延续至今。

当代气质：人文、灿烂、卓越、和谐

诗性的江南文化、包容的海派文化、淳朴的乡村文化是构筑梅陇文化基因的三条重要染色体，养成了梅陇包容、厚德、进取的城市性格。

进入当代，经济的发展、社会的进步、城市的建设、人口的流动、文化的交流，城市化进程的快速推进等等对梅陇文化底蕴的积累和城市气质的塑造注入了新的内涵和动力。特别是近10年来，梅陇认真落实新发展理念，以建设"宜居、宜商、宜业"城市为目标，积极推进"北优南拓、双轮驱动"发展战略，着力打造"党建、人文、生态"三张城市名片。

首先，坚持党建引领。把党建引领贯穿经济发展、社会建设、优化生态环境、提升城市功能的全过程。以"破茧化蝶"和"老鹰重生"的勇气，推进转型发展。同时，积极传承上海红色文化，厚植红色基因，传承红色传统，营造红色阵地，不断强化基层党组织的组织力，提升凝聚力和战斗力。形成了社区党建服务中心、社区党校、基层党群服务站等一批红色文化。营造浓厚的党建氛围，发动基层党组织和广大党员干部投身到梅陇的建设中来。

其次，注重人文涵养。在传承历史文化的同时，紧紧围绕时代的特征、区位特点、发展特色，以践行社会主义核心价值观为主线，着力培育"人文、灿烂、卓越、和谐"的城市精神，大力营造关心人、尊重人、爱护人的社会氛围。培育灿烂多姿的文化底色，倡导追求卓越、超越自我的精神，引导梅陇共同建设人与自然和谐共生的美好家园，打造出益梅小院、文化客堂间等公益空间和文化品牌。

同时，推进生态建设。几年来，梅陇以"五违四必"整治、外环生态工程建设、水环境治理、"美丽系列"建设等重大项目、重大工程为抓手，以提升梅陇老百姓健康寿命为最终目标，建成了以外环生态绿地、梅陇十大主题公园等为代表的生态画廊。结合乡村振兴战略，打造出许泾村、永联村吴介巷等"美丽乡村"，留住了乡音、乡愁、乡情。

一座能将历史文化传承、焕新的城市才是一座充满人文魅力和发展活力的城市。历史的传承还在继续，新的时代已经来临。

紫藤花开

诗仙李白曾有诗云："紫藤挂云木，花蔓宜阳春，密叶隐歌鸟，香风流美人。"其生动地刻画出了紫藤优美的姿态和迷人的风采。暮春时节，正是紫藤吐艳之时，但见一串串硕大的花穗垂挂枝头，紫中带蓝，灿若云霞。

在中国传统的文化里，紫藤的地位并不显赫。古往今来，对"天下无双绝，人间第一香"的牡丹，对"满城尽带黄金甲"的菊花，对"映日荷花别样红"的荷花，对"暗香浮动月黄昏"的梅花，抑或是对"樱花落尽阶前月"的樱花，文人雅士皆用尽了赞美之辞，赋予了它们许许多多美好的形象和人格特征。然而，对紫藤，人们却又显得十分吝啬。紫藤花是花开为紫，茎绕为藤。文人称紫藤是柔中有刚，是浪漫、吉祥的象征。因为是茎绕为藤，紫藤一般是攀爬在其他的物体之上，和附着物融为一体，甚至枝繁叶茂，长势要盖过附着物，可能也正是因为"攀爬附着"这个原因，花虽美，却鲜有古代文人墨客将它展现在诗词画作中。

要说起沪上观赏紫藤的地方，你可能会想到闵

芳华

○33

紫藤搬迁

茎绕为藤   紫藤保护牌

印象梅陇

行的古藤园、嘉定的紫藤园，但你可还曾听说过，在梅陇休闲苑里，也有着一株老紫藤，可与沪上紫藤之最相媲美。这株原位于朱行镇的古紫藤，树干粗30公分，高3.5米左右，至今已有200多年历史，为上海市二级保护古树木。最开始种于清代朱行镇，1985年12月，设置石棚石栏，加强保护措施；1995年虹梅南路工程拓宽时，紫藤树被搬迁到沪闵路原梅陇镇政府大院内；2005年12月至今，紫藤树又再次搬迁，最终"定居"于梅陇休闲苑。古有孟母三迁，今有古藤三迁，兜兜转转只为寻觅一处更为合适的居所，年年花开绽放。

当紫藤花爬满了墙头，微风吹拂，满园飘香。

春华堂、南春华堂的历史沿革

小　梅

春华堂，原位于上澳浦（今梅陇港）南，南春华堂原名裕德堂，原坐落在梅陇路中段。

根据《梅陇志》以及 1993 年出版的《上海县志》记载：春华堂系明诗人黄瑾在上海的别墅。历史上"春华堂"最早见于明嘉靖三年（1524 年）的《上海县志》，据此，"春华堂"距今已有四百六十

修旧如旧的南春华堂

南春华堂拆除前照片

余年的历史。据 1918 年的《上海县续志》："黄氏宗祠在二十六保东，二十三图，上澳浦，明黄瑾别墅，额曰：'春华堂'，载前志。后裔改为祠"。祠址在现梅陇港东岸，至于改建年月现无法考证。该祠在 1973 年被圈入华东化工学院住宅区内，黄氏后裔拆除了祠宇。明建的"春华堂"古厅已片瓦不存。现在北春华堂西首残存的"春华堂"遗迹是清道光年间黄氏后裔黄其祥所建。

此外，《梅陇志》中还描述了"春华堂"的一些建筑特色。如房屋建筑布局共有三进，头进在大门两侧，各有平房数间，二进有四、五间高大的平房。其中，头进、二进屋宇已在 1942 年遭日军焚毁。1949 年后，"春华堂"残存的遗迹是第三进。昔年有匾，题名"春莘堂"，上款"道光己丑仲夏"（1829 年），下款"徐柬渤"，距今也已有一百五十多年的历史。堂前有石板铺砌的天井，天井两侧为东西厢房（东厢房也在 1942 年遭日军焚毁）。正厅在近年已为黄氏后裔拆毁三间，今仅存中央主间及东首已改为厨房的一间而已。但从残留的砖石上，尚可窥见当年堂宇布局全貌。主间帷堂屏门（门已无）上首的檩子上刻有数组戏剧人物造像图，皆栩栩如生。

除了这个历史上的"春华堂"，还有一个也被称为"春华堂"，位置据前述"春华堂"不远靠东南一些，故被约定俗成的称为"南春华堂"，南堂保存状况要好一些。20 世纪末据上海市文管部门鉴定，其为上海地区现存的唯一一座保存较完整的明代民居，而具有相当高的历史价值。

据史料记载，南春华堂原名裕德堂，建于明弘治末年至正德年间（1505—1521），是明朝一位张姓的显赫官员在告老还乡之后的居所，历经五百年沧桑。原址在梅陇路南春华堂 5 号（现为在建的凌云社区公共服务中心）。

1980 年代初的梅陇公社地图（局部）
标注有南春华堂

徐光启纪念馆门上有南春华堂字样

1986 年南春华堂

南春华堂

　　清末民初，张氏家族家道衰败，后人出售裕德堂的全部房产，被易名为"南春华堂"，以别于堂北诗人黄瑾的别墅"春华堂"。其保存情况《上海县志》记叙较详：屋三进，头进大门左右各有屋 2 间，门前石狮 4 头，并建仪门、石鼓。二、三进有厢屋相连，各有 7

间房屋，二进有大厅裕德堂。今存仅门、堂，以及堂西屋 2 间、东 1 间。堂门窗无存，跨海、托梁雕镂精细。仪门上有砖刻，内额篆书"视履考祥"，外额行楷"克洽雍熙"，门外存一双抱柱石鼓。南春华堂为上海今存较精致的明代建筑。1961 年修缮，1963 年列为县级文物保护单位。1981 年 12 月，上海县立文物保护单位刻碑。2003 年，南春华堂整体搬进徐家汇光启公园，实行易地保护。

品茶听书：老梅陇人的休闲时光

谢林殷

品茶与听书，一个是品茶，一个是听书，看似不同，其实二者追求的却是同一目标：调心、养心、度心。

坐在暖洋洋的午后阳光中，品一壶茶、听一段书，曾经是老梅陇人的惬意时刻。

梅陇茶园的兴起始于20世纪一二十年代。1915年在梅陇镇中街开张的文兴茶园首先引领了当时的风尚，并开始改变梅陇人的休闲方式。至1949年，这一地区的茶馆已有20多家，这些茶馆大多兼做书场、演唱评弹（俗称大书）、钹子书（俗称小书）和申曲（沪剧前身）等。

这些茶馆随着时光的流转和集镇市后兴衰而开闭。1956年后，梅陇、朱行、曹行三镇各仅存一家茶馆，附设书场。

如今，在梅陇地区已难以寻觅旧时茶馆的踪迹，只有那一份恬静、那一缕清幽，散落在记忆的曲径。

茶馆

名　称	地　址	开业时间
文兴茶园	梅陇镇中街	1915 年
俞记茶园	许家木桥 2 号	1921 年
永福茶园	梅陇镇 53 号	1927 年
民乐茶园	朱行镇 111 号	1928 年
汤顺兴园	朱行镇 140 号	1929 年
良　园	梅陇镇 50 号	1938 年
金洪太茶园	朱行镇 103 号	1937 年
临江茶园	朱行镇中街	1941 年
东兴茶园	朱行镇 76—78 号	1942 年
农民茶园	曹家塘桥 4 号	1943 年
徐万和茶园	翁板桥 9 号	1944 年
韩记茶园	翁板桥 4 号	1945 年
俞记茶园	翁板桥 20 号	1945 年
恒春茶园	朱行镇 91 号	1947 年
业余茶园	慕家塂 15 号	1949 年
沈福兴茶园	朱行镇 145 号	1951 年
沈复顺茶园	朱行镇 142 号	1951 年
叶根全茶馆书场	曹行镇南街	1949 年前
胡访余茶馆书场	曹行镇中街	1949 年前
高进茶馆	曹行镇北街	1949 年前
潘阿弟茶馆	曹行镇北街	1949 年前
杨小嬢茶馆	曹行镇东街	1949 年前
孙鸿祥茶馆	车沟桥	1949 年前
张明生茶馆	翁板桥	1949 年前
龚云生茶馆	翁板桥	1949 年前

陇上人物

历史人物

张乃清

明代山西按察司副使朱瑄

朱瑄（1415—1498），字廷珍，号钝庵。自幼聪慧，能赋诗有奇句，明正统三年（1438）为举人，准备赴礼部应试时，正巧父亲远道归来，认为："吾以不得侍亲为恨，奈何复远游乎。"竟十年不去赴考。正统十三年（1448）成进士，授御史，官至山西按察司副使，晚年辞职返回家乡，逝于弘治十一年（1498）十月二十四日，享年83岁。

山西按察司副使朱公瑄墓表（吴宽）

弘治十一年十月二十四日山西提刑按察司副使致仕朱公年八十三而终公有子恩仕于口朝口刑部郎中持制服将归欲得墓文以葬其寮友顾君大宁辈偕来以请予与恩以同乡故相过从久不能违也恩既归始以江西布政使叶公所口状托其口太仆少卿刘君来致其意曰公葬期迫矣待此以刻乃视其状叙之朱故通许人也当宋中世之乱从驾南渡以松江地僻可避兵难

始择华亭之七宝镇家焉曾祖道华祖士清父慎恒慎恒娶陆氏生公讳瑄字
某别号钝庵幼有高资总角能赋诗有奇句稍长益善记览入府学口弟子时
庐陵孙先生掌教事适周文襄公以巡抚至而提学御史口彭公二公问弟子
之颖敏者孙先生首以公对试之果然公初习春秋孙先生深于诗者更授
以诗甫三月即通其义正统三年遂登应天府乡举及还其父适自卢龙戍
所归父子相见甚欢未几公当赴礼部试曰吾常以亲寓远方不得日侍左右
口恨今复忍违远乎竟不赴又十年始登进士第明年授陕西道监察御史时
有北房之变京师戒严朝廷命诸将悉兵往御公以御史大军中纪功临行语
其妻王氏曰吾今不能顾家矣汝亟归奉吾亲吾惟知有王事而已即日戎服
就道谕诸将士以当奋勇死难之义众皆感激三日房知有备而遁有诏班师
蒙宴赉甚厚京师既无事公奉旨出巡应天等六郡有知太平县白玉者连姻
中贵怙势口害公廉得其事即按以法一时奸贪敛迹属吏肃然于是周文襄
公与公犹同行郡称叹不已岁满代还都御史陈公镒知其才俾掌三法司事
俄丁内艰服除擢山西金事属吏有不法者闻风而去尤累平反冤狱再清军
伍明恕不苟无隐没诬枉之弊才名益起凡分巡官缺公辄兼领其事一日至
大同有中贵亲幸者入其境上下惊骇莫知所口公出郊迎之与语其人竟敛
威而去值大雪欲射猎口乐公曰军士冻馁不堪必有死者况道滑不便驰逐
独不目爱乎遂止一时边人不至惊扰者公之力也再丁外艰服除复任山西
人多口公不乐而公处之自如成化五年始擢副使又二年慨然上章请老年
五十五耳人劝之不顾归与亲友徜徉园池问赋诗饮酒相娱乐每以善言训
诫子孙宗族所以力学治家之道延师儒于塾邻里子弟有愿学者皆来受业
后多有成材者自少无兄弟惟一姊与其夫俱蚤世遗孤子女四人悉口嫁娶
且与治田宅不使失所他所周恤人者尤多公自登甲科受官几五十年而家
居者几三十年中间用其子郎中秩满进阶中议大夫赞口尹公有六男二女
孙男十二当国初其祖士清口邑乌溪大姓赵惠卿赘婿赵以富豪于一方士
清逆知其家必罹法出居于外以避之后竟保其家人莫不贤智之

明代礼部尚书朱恩

朱恩（1452—1536），字汝承，朱瑄之子。儿时酬对宾客即有成人志，弱冠文誉，蔚然传诵。成化二十年（1484）登进士。在官场几经波折，由行人升刑部员外郎，进郎中，终官至礼部尚书。退出政界后，在家乡居住近三十年，从未言及当年宠辱，以法书名画自娱，潜心搜集水石，研究树艺，种植果蔬，享年85岁。《资善大夫南京礼部尚书慈溪朱公恩墓志铭》有费寀撰写。

朱恩曾筑园，内有"玉玲珑石"，高二三丈，或谓宣和年物，时冠诸家园林，后人称"朱尚书园"。 后石归储芋泾园，遂为婿潘允亮得。明王世贞《豫园记》以为豫园玉玲珑石"移自乌泥泾朱尚书园"。《上海县竹枝词》称"玉玲珑石最玲珑，品冠江南窍内通。花石纲中曾采入，幸逃艮岳劫灰红。"

资善大夫南京礼部尚书慈溪朱公恩墓志铭（费寀）

公讳恩字汝承号口溪翁其先汴之之许人宋南渡时流寓华亭之七宝镇四世至士清公赘婿乌溪里赵口遂口乌溪人士清生孟庸封监察御史孟庸生瑄号钝庵仕至按察副使娶王氏封恭人有丈夫子六公其长也公生而颖异儿时酬对宾客即有成人志弱冠文誉蔚然传诵公卿间以成化甲午发解南省登甲辰进士第初授行人奉使得职例掌攞台谏时有追忌钝庵骨鲠之风者乃不复置公此官迁刑部员外郎进郎中刚方与法无所挠于权贵徐驸马都尉张昌平侯家凭宠逾法度莫敢谁何公独洗磨王章持之如一匹夫上因切责二人以伸公法而公之望著矣平生好文比居官逊志吏事不通问谒出

入扃节门户有关门朱郎中之称至闻于孝皇亦亟称问之马端肃公时在吏部稔知公擢口其乡河南按察副使进按察使范文正公子孙在洛中者衰落不振公口核遗产数千亩立茔户供洒扫简其孙贤者土祀事加廪禄焉范氏刻石家庙以颂其事中官廖堂镇河南以刺举劫制长吏而敛其贿遂至贪墨成风争营赂以缓祸取容公至尽缚墨吏民赖以安廖弟锦衣使者朋昵扇奸梗坏明法人莫能挠惟公排之甚力廖深衔将中伤之以其持身之谨无隙可乘竟少辑以从公法时襄毅许公方卧病于家欣慕风裁激赏无虚口后襄毅继马公口口宰念公不衰因转本道布政使部内有矿利廖以奇羡可自丰借口足国啗当路请开之公抗章摈其议有云金银铅锡之利人所共趋公私相角其势必争往年山东之祸实起于此河南切近燕赵联属京师其民刁悍少虑好任侠口奸目无公法一基此祸其害不小殆非数十年财力所能靖安也孰与罢之便其议遂寝河洛间得免祸衅公之力也寻以资绩见推擢南京都察院右副都御史巡视江道祖行之日大梁人举扳恋塞衢后有负冤者犹思公之不可复云大江东连涨海不设关隘海寇出没人甚苦之公首建更逻之令沿江西害置立水寨远者相去不过五十里土口俟堞相望分地而守互相应援又重立赏格人争相奋趋擒获之利自是寇患斩息至今着口成令人犹赖之继迁南少宰进大宗伯公治洛之政防江之略经纶已著风采在人才可大受而处南都无事之地人方望以公辅未几乃以中官刘瑾诖误去刘在微时坐法当死公辨其诬出之刘至正德中遭握宠灵追念旧德欲推公要路公不欲近之然其势方烈亦不敢绝之也台宦未明公志劾之以去公弗自辨识者无不称惜公口政一以安民口主锄抑强梗临事不惧然德器故长者乐易可亲人亦不甚怨之至其天资迅迈见事迎解法家疑拟多待以决宅心仁恕冤狱多所平反谢政家居三十年未尝言及宠辱惟搜剔水石树艺果蔬俯仰游衍清净以乐天年或劝殖货产以道家之忌谢之性友爱笃至四弟早世抚其孤无异己出诸少赖以成立无凋落者虽贵列三事未尝以势傲乡人训子弟执礼于乡长老维谨卒于嘉靖丙申距生景泰壬申享年八十有五

印象梅陇

明代御使曹闵

曹闵，字崇孝，号锦溪，曹行人。明弘治九年（1496）进士，授福建中部的沙县知县，入为南御使，民众号泣攀留，累日不得去，邻邑亦争留之。正德年初，偕同官陆昆（字如玉）上疏论，得罪太监刘谨奸党，遭诬下狱。锦衣卫穷施酷刑，被杖得几番昏死。正德五年（1510）八月，刘瑾败落后，御史周期雍（字汝和）为其平反，重新起用任广西按察司金事，而曹闵认定"一瑾去，而众瑾尚存"，遂引退辞职，时年未满50岁。返乡后，笃实恬静，终日陪伴老母，整十年足迹不入城市。母亲去世后，极为哀痛，不论秋冬每天头枕土块、身卧草垫入眠思念，结果得寒疾而逝。

曹闵宅第位于曹行镇北，园内有二巨峰。后有丁氏居住。

今曹建路 220 弄，相传为曹闵"石墓坟"遗址

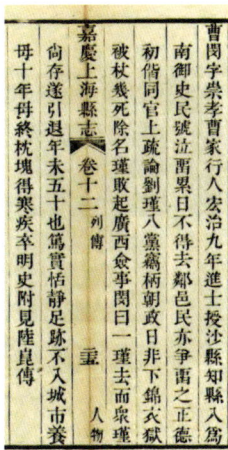

清代治水功臣蒋恩

蒋家塘老宅仪门遗迹

蒋恩，字芹芳，华一村蒋家塘人，清代晚期秀才。家境清贫，为人和善，精于风水，善于调解纠纷，劝人息讼。著有《兵灾纪略》等。

1918年《上海县续志》记载，蒋恩"历襄浚吴淞江、蒲肇河、华泾、南新泾诸工，当局给匾二次，彰其劳勋"。《梅陇志》记有《蒋芹舫（芳）先生的传说》，光绪年间，苏州府下令如期疏浚苏州河，而由于河宽，又逢汛期，外白渡桥下的河坝屡建屡塌。蒋恩见此情况，给知县列出三条措施：一是必须抢在平潮时集中精力投包筑坝；二是麻包内应装入晒干的牛粪；三是堤坝两侧打下木桩。一试，果然见效，工程如期完成，知县便聘其为治河监督，再接其他工程。蒋恩就此名声大震，深受苏州府台器重，曾赐予"钦加蓝领五品"衔，赐匾"钥浚有方"，硬牌6块分别书有"儒学正堂"、"赏戴蓝领"、"钦加五品"等。清廷赐建的厅堂，俗称蒋家搂，遂成地名。

《上海县续志》
书影

中国现代政治学奠基人钱端升

钱端升（1900—1990），字寿朋，笔名德谟，曹行乡人。著名政治学家，中国现代政治学奠基人。钱氏祖上行医，端升勤奋好学，13岁就学江苏省立三中（松江中学），民国五年（1916）秋入上海南洋中学，17岁考入北京清华学校，19岁被选送美国北达科他州立大学，不久入哈佛大学研究院深造，24岁获哲学博士学位。1924年归国后，任北京大学、清华大学讲师，讲授政治学、宪法学。民国十六年（1927），任教于南京中央大学，在《现代评论》杂志连续发表论述，强烈要求废除"领事裁判"，归还租界；并主张吸取西方经验，建立完善的中国行政系统。1930年，回清华任教并兼任课北大。继罗隆基任天津《益世报》主笔，数月间发表议论170篇，针砭时弊，辛辣尖刻，洞中要害。抗日战争全面爆发后，参与筹建西南联大法学院。1937年至1949年，四次应邀赴美国参加学术会议和讲学。1947年底，任哈佛大学客座教授。新中国成立后，历任北大法学院长、北京政法学院院长、外交学会副会长、对外友协副会长、世界和平理事会理事、外交部顾问。1954年，被聘为全国人大宪法起草委员会顾问，参加新中国第一部宪法的起草。1957年，被错划为右派。1974年，出任

中国政法大学内的钱端升塑像

外交部国际问题研究所顾问及法律顾问。1981年，应聘任外交学院教授。同年，加入中国共产党。1985年，当选为中国法学会名誉会长。1990年1月21日，在北京病逝。著有《中国政府与政治》（英文版）《战后世界之改造》《政治与政治学》。译著《英国史》《法国的政府》《德国的政府》《法国的政治组织》。与王世杰合著《比较宪法》，与人合著《资产阶级宪法的反动本质》《民国政制史》。

钱端升（左）1945年在昆明西南联大时与张奚若合影

印象梅陇

革命烈士殷益文

殷益文（1920—1942），又名叶文、殷关福、丁杨光，梅陇乡牌楼一队殷家塘人。12 岁从启新小学毕业后，无力升学，民国二十四年（1935）进邹韬奋创办的上海生活书店当练习生。受进步思想熏陶，参加上海文化界救国会，秘密传送《救国时报》。1938 年 2 月辗转到达延安，入陕北公学学习，并加入中国共产党。结业后，先后任分校指导员、陕北公学校长成仿吾的秘书。1939 年，被调至中共中央发行部工作，参与筹建延安新华书店。1942 年 6 月，路过太行山时遇日寇大"扫荡"，不幸被俘，殉难于山西太原，年仅 21 岁。新中国成立后，追认为革命烈士。

殷益文遗像

文坛"老妖",梅陇之宝

——记"史学奇才"蒋星煜

刘辛培

蒋星煜先生

听了我的这个文章标题,蒋星煜温和地笑了笑:"我的缺点与不足,你能否也写一写?"望着大气谦和的蒋老,忽然想到"著作等身"——他出版的皇皇巨著,达七十多部,叠起来真能跟他的身高相等!这是中国文坛的一个奇迹,而对蒋先生来说,又是一种怎样的毅力、怎样的非凡?怪不得学术界有人戏称他为"妖怪",妖者,凡人难以企及也。

生命的历程

蒋星煜的名字,对我来说如雷贯耳。小学五年级时,我在姑父蒋天枢(复旦大学教授)家借到一本很好看的书《海瑞》。感佩海瑞的"为民请命",感叹作者的澎湃激情,这本七八万字、绘影绘神的人物传记使我记住了"蒋星煜"这个名字。循着这个名字，后来，我又在姑父家找到了《中国隐士与中国文化》。书名虽有些"高深"，但读起来比较轻松；虽然我如矮子观场，不敢妄赞一辞，但我知道，这是高手之作——厚积薄发，举重若轻。

批判《海瑞罢官》，拉开了"文化大革命"的序幕，我知道，蒋星煜和吴晗一样，要倒霉了。果然，在1966年5月底的《人民日报》上，我看到了丁学雷（徐景贤笔名）言辞激烈的批判文章："修正主义者站在这个进攻的前头，在疯狂地咒骂和攻击总路线、大跃进和人民公社，疯狂地咒骂中国共产党的形势下，吴晗的《海瑞骂皇帝》出现了，蒋星煜的《南包公海瑞》出现了。吴晗鼓动人们'和黑暗势力斗争到底'，蒋星煜危言耸听地说：对于'病入膏肓'的人，再吃甘草这种药无济于事，大黄、芒硝也许能救转来，我这一道奏本，就是大黄、芒硝啊！"

那时候的"大批判"，绝非单纯"文攻"，武斗是接着开始的必然——吴晗夫妇先后惨死，蒋星煜也陷入苦难深渊，被批斗、隔离，父母及爱妻被折磨而亡……幸好蒋星煜当时所在的上海市文化局的党委书记李太成，顶着巨大的政治风险，保护着蒋星煜免受灭顶之灾。

"文革"结束后，蒋星煜问李太成为什么这样做？李太成说："老蒋啊，你不知道，我参加革命后，被国民党军队俘虏过，后来我自己逃回来的。回来后，对我审查得很严啊，差点造成冤案，送掉性命！这使我悟出一个道理：对待人的问题，一定要慎重再慎重，再不能让我的遭遇在其他同志身上重演！"

一个正直的共产党人的话，让蒋星煜感悟良久，又使他感到，生命的历程就像是写在水上的字，顺流而下，想回头寻找的时候总是失去了痕迹；因此，如果我们总是停驻在过去的痛苦之中，那是自寻烦恼；劫后余生，何尝不是人生难得的一笔财富？所以，劫难后的蒋星煜涅槃重生，开始了写作生涯的"第二个春天"。

治学严谨，敏慧多思

退休后才知道，我的家与蒋老的家很近，步行10分钟而已。香茗在手，请教大师，惬意之至。

我想，蒋老"著作等身"，研读的书，恐怕不止一屋。无奈的是，"文革"中，蒋星煜的藏书无一幸免，统统被抄走。所以，"文革"以后，他就不再买书，想看书，就去图书馆。而今书房中的书，都是出版社或友人相赠。蒋先生说，我看啊，这些书也只有五分之一值得长存；其他的，随便翻翻就好，有的连翻也不必了。不过，九十多岁的老人，却能在好些个书橱里，迅速地找到我感兴趣的书。他翻开一册高中语文读本："是这里，选入了我的《论〈华威先生〉》……"我知道，写这篇文章时，蒋星煜才25岁。

谈到蒋天枢的"治学之严"，蒋星煜颇有感慨：如今，这样的学者越来越少了！急功近利，沉不下心，是做学问之大忌。蒋星煜说，官衔大，不一定学问大；有职称，不一定能称职。

想当年，蒋星煜离开孤岛上海，在大后方的图书馆做小小管理员，晚上回到宿舍，就依靠一盏幽暗的菜油灯，握着一支毛笔，埋头做读书笔记。他喝一口茶，感觉喉咙发毛，仔细一看，杯中竟停着一片大大小小的虫子。原来，进入读书的无人之境时，除了蚊子还有那么多虫子陪伴着他；埋首于浩瀚书海，沉浸于学术研究，蚊叮虫咬蒋星煜居然浑然不觉。23岁的他，就这样写出了在中国文化史上留下印记的第一本书《中国隐士与中国文化》。

这本书，引起了梁漱溟先生的关注，他引用并评论了蒋星煜的论点。想不到的是，66 年后，蒋星煜参考了梁先生当年的意见，开始为此书的修订而忙碌，直至再版。这样再版的书不说绝无仅有，也是凤毛麟角，真可见蒋星煜的"治学之严"！

讲到治学严谨，近二十多年来，为了继续对《西厢记》的研究，蒋星煜遍阅《西厢记》在国内外的数百种版本，发表了研究《西厢记》的论文不下 150 万字，涉及版本、目录、训诂、艺术、哲学、美学等领域。

蒋老一生研究《西厢记》

敏慧多思，除了戏曲史，蒋星煜的成就还涉及文化史、明史、语言文字、文学、书法、舞蹈等方面，各地报刊还常见他怀有青春情怀的"艺术散文"：犹如味道醇厚、清香扑鼻之醇酒，沁人心脾；他的游记，也有古代修道之人云游四海的仙风。

健康之道

与蒋老师谈话是一种享受，他思维敏捷，反应极快，不但幽默风趣而且妙语连珠。问他的生肖，答曰："齐天大圣"；问他的生日，答曰："说出来吓死人，911。"2015 年中秋节前，在上中西路莲花路口的"杏花楼"与他邂逅，"您也来买月饼？""我没有口福，买只鸭子给保姆吃。""这事也要您亲自跑？""互相帮助。""一个人走这么远的路？""人是动物，就是要'动'。"

讲话很轻松，他的文笔也很轻松，拜读他最近送我的几本书，看到他和我同事任雪蕊的父亲任大星的"舞场经历"，那些熟悉的人

蒋星煜和粉丝在一起

《史林新语》

桃花扇

新版《海瑞》

印象梅陇

被他描写得栩栩如生，文中的幽默令我忍俊不禁。

蒋星煜的健康，离不开他的"文体活动"。抗战时期他住在四川山林，为了"与大自然融为一体"，一年中常有半年鞋子袜子都不穿，光着脚也能走崎岖的山路。年轻时，他打篮球，打网球，踢足球，还学过西洋拳击；后来，又迷上了溜冰与马术；新中国成立后，他一打乒乓，竟打成了个"三级运动员"。

爱好"文体"，使他和居住地的梅陇镇文化体育活动中心结下深厚情缘，与文体中心的许多朋友交谊匪浅。我多次接他来文体中心听歌，参加文学读书会等，每次，他都给大家带来快乐与收获。

我想，经历了各种风雨的磨难，走过了近一个世纪的路程，蒋星煜的心态之所以年轻，是因为他始终保持着坦荡豁达的性情，不世故，不圆滑，敢讲真话，有锋芒，有时还很不客气，表现了一个知识分子堂堂正正的秉性，实在难能可贵。

然而，对待我们这些晚辈，蒋老师则是出奇的宽厚。有人"不知天高地厚"地在言语中冒犯了他，我很紧张，他却"什么都没听见"。事后问他，他说，"装聋"，侬晓得哦？他随手给我写下了"不痴不聋，不为家翁"八个字，告诉我，这是郭子仪的人生哲学——郭老头有八个儿子、七个女婿，都是朝廷位高权重的官员，子孙做官的更有六十多人，然而，全家人都和他和睦相处，其中的秘诀，就是这八个字，也就是上海人说的"装聋"吧。

我的这篇文章完成后，想给蒋老师看看，让他提点修改意见，没想到他一口否定："你的文章，我看了很多，这篇，不用看了。"

他的信任，使我感动。不知怎么的，我想到了三个字："仁者寿。" 史学奇才，梅陇之宝，活出了情调与风采的蒋老，愿您永远健康，永远快乐。

奔向大爱

刘辛培

白发人两送黑发人

秦岭南麓的陕西省柞水县，县名中虽有"水"字，但地理环境却是"穷山恶水"的九山半水半分田。这里，嶙峋起伏的山峦连绵不断，似一条长龙飞向天边——2009 年 6 月 6 日，背负着四千余万元"教育债"的柞水县迎来了大喜的日子——在湛蓝而清澈的天空下，在穿上刚买的最漂亮衣服的孩子们的欢声笑语中，柞水县小岭镇毕明爱心小学落成了！这是一所功能完备的小学，除了操场、教室和教学设备，还有学生食堂以及男生宿舍、女生宿舍……

落成典礼上，孩子们朗诵着："毕明伯伯带着落叶的声音来了，天空发出慈爱的光辉；听着高飞云雀的歌唱，望着上海温暖的白帆……"

毕明伯伯是谁？他是怎么拿出 40 万元来捐建这所爱心小学的？

其实毕明，已经永远地离开了我们，是他的爸爸毕原鸿和妈妈毛怡替他完成了捐建爱心小学的遗愿。

生前，毕明住在闵行区梅陇镇的上海春城小区，他是亚一金店有限公司的"优秀员工"——这是一个正式的荣誉，在亚一金店成立十周年大会上，全公司只有两名员工获此殊荣。毕明管理着公司的金库，责任重大，早上六点多，他就要出门转乘三辆公交车去位于浦东洋泾的金库上班；通常在晚上七点半，他能回到家里，和爸爸妈妈一起吃晚饭。

可是，2007年5月29日晚，早已过了七点半，家里仍不见儿子的身影，却接到一位警察的电话，询问毕明姐姐的电话号码。毕原鸿满腹狐疑：毕明姐姐哪来的电话啊，四年来，失去女儿的伤痛一直埋在心中——2003年，毕明的姐姐毕群，已经因胃癌而长辞人世了呀。

没有得到回复，警察立即挂断了电话。毕原鸿骤然一惊，感到了不祥，哪里去打听儿子的行踪？他压着狂跳的心，试探着给儿子回家途经的医院一一打电话——居然，在杨浦大桥附近的浦南医院，得到了一个似是而非的消息，听描述，有个很像他儿子的病人，因心肌梗死正在急诊室抢救。

毕原鸿和毛怡乘上出租车直奔浦南医院，急救床上躺着的正是他们心爱的儿子！毕明的眼镜掉在地上，抢救的器械还插在口腔里，但两个小时前，他已停止了呼吸——实际上心肌梗死，只有几分钟的抢救时间。

儿子血压高，却疏于治疗，主要是工作忙，但从来没听说他有心脏病啊。四年里，白发人两送黑发人，这么一双优秀儿女，竟然相继而亡……苍天啊，为何如此残忍……毕原鸿和毛怡肝肠寸断，老泪纵横，痛不欲生！

捐出两套住房

毕原鸿和毛怡都大病了一场。患有帕金森病的毛怡再次因脑梗而住院；毕原鸿本来就重病缠身——因肺结核穿孔，1971 年，他的左肺被全部切除，2005 年，他被查出患上前列腺癌……如今，儿子女儿都没了，孤苦的老残之身活着还有什么意义？

几乎在万念俱灰中，毕原鸿在市六医院的"爱心捐款箱"上看到了上海慈善基金会的电话，他想到了儿子那天在电视里看到西部山区有那么多的失学儿童，郑重地说过"想为贫困地区捐建一所小学"，便电话询问，能不能用完成儿子遗愿的方法来实现对儿子的爱？

接到电话，上海慈善基金会的两位工作人员来到上海春城，一番亲切的促膝交谈之后，两位老人伤痛的眉头舒展开来——把对儿女的"小爱"转化为对社会、对更多需要帮助的人的"大爱"，这不是对逝者最好的怀念吗？

因为"没有找到像妈妈那样的妻子"，直到 47 岁，毕明仍是单身，一直和父母住在一起。姐姐出嫁了，在二老及毕明名下有两套房子，毕原鸿、毛怡夫妇决定将沪太新村的那套两间各 15 平方米、都朝南、另有小厅及独立煤卫的房子卖掉。遗憾的是，因为受国际金融危机影响，当时的房价卖低了，才 69 万元，这其中的 40 万元，就通过上海慈善基金会，捐建了柞水县小岭镇的毕明爱心小学。

此后，毕原鸿和毛怡又立下公证遗嘱，身后，将他们现在居住的上海春城的房子（目前的房价是 300 万元）和其他所有遗产，捐给上海慈善基金会，以其爱子的名义设立教育专项基金，定向用于捐建和支持两所九年制义务教育学校及资助贫困大学生就学。

毛怡告诉我，教育专项基金，将青睐于医科和师范大学的贫困学生，因为我们的社会，需要更多的好医生，好教师。

这时，我产生了一个疑问：除了儿女，毕原鸿、毛怡夫妇就没有其他继承人了？其实不是这样。且不说女婿单良，就说二老唯一的第三代，那个嫡亲的外孙，毫无疑问，就是外公外婆财产的合法继承人。

外孙与外公外婆不亲？哪有的事！这个外公外婆牵肠挂肚、毕群"千辛万苦"生下来的孩子，从小就是外公外婆的"宝贝疙瘩"，如今，又是二老心中的骄傲。因为，已在加拿大读书三年、2014 年、23 岁的外孙苇苇是顶尖的多伦多大学计算机系的高才生，前不久回沪度假，一米八的小伙子还像孩子那样抱着外公外婆说呀笑呀……他的长相，他挥舞着手势说话的样子多么像舅舅毕明啊。"三代不出舅家门"，说起心爱的外孙，毕原鸿、毛怡笑得眼睛眯成了一条缝。

毕原鸿说了房产不给外孙的理由：女儿毕群去世后，她家房产中属于毕群的份额，二老作为第一继承人，已经把这部分继承权转给了外孙，"他得到了外公外婆转给他的产权，而且，他在上海有住房，不需要再给他房子了。"

我觉得这个理由十分牵强，外孙得到的房产本来就是他妈妈的，外公外婆并没有另外给他什么财产呀。再说，"他有住房"算什么理由？房产怎么会嫌多呢，外公外婆的房子给自家的外孙应该是顺理成章的事。

捐房的真正理由与大爱的涌动

对于我的说法，毕原鸿不以为然：外孙的将来，要靠他自己。他如果成器，就不需要我们给他什么；他如果不成器，给他再多的钱也没用。

这里，特别需要说一下的是，当二老将准备捐献所有房产的事告诉外孙时，一脸阳光的苇苇慨然应和："我什么都不要，只要外公外婆!"于是,前女婿单良和他现在的妻子小李就帮助二老做房屋估价、遗嘱公证等事……

作为编辑同行,单良这个名字我早就听说过,因为他曾是《萌芽》杂志的美术编辑。毕原鸿告诉我,在毕明的追悼会上,单良写的挽联很动人:"清清白白为人,辛勤劳动终身。"这是他对小舅子一生的真实感受,也引得众人注目感叹。今天,我突然发现,"单良"两字很有意思,其普通话和上海话的读音,都与"善良"一致。

重阳节,时任上海市政协主席、上海市慈善基金会理事长的冯国勤来上海春城看望毕原鸿、毛怡夫妇。领导很忙,本来说"只能呆10分钟"的冯国勤,坐下后便静静地倾听两位老人叙述长达30分钟的心路历程。

随同而来的三位副理事长,是上海电视台台长、上海民政局局长和上海卫生局局长。听说毕明在爱建广告公司工作时,曾负责万体馆大型文艺活动外场的霓虹灯和内场的灯光控制,上海电视台台长感慨地说,正是有了毕明的认真负责,电视台每次在万体馆面向全市人民的转播才能圆满完成。上海市民政局局长问二老有什么困难?上海市卫生局局长说:"二老如要看病,请给我打个电话,找上海任何医院的任何医生都没有问题。"两位老人,什么困难什么要求都没提,但领导的关心,让他们感到十分温暖。

退休前,毕原鸿是工商银行上海分行的纪委干部、共产党员,毛怡是有着三十七年教龄的彭浦一小的一级教师,也是获得过"金牌"的优秀教师,他们的善举,得到了上海春城小区和梅陇镇广大居民的赞颂,人们称毕原鸿为"艾爷爷",毛怡为"欣奶奶"。"艾欣","爱心"也。

在二老的家里,顺着毕群毕明的成长轨迹,我细细地端量一家

奔向大爱

人各个时期的照片以及一大摞的各类证书，而 83 岁和 81 岁的两位老人，争着向我讲述照片和证书背后的故事——这是上海市妇联发的"五好家庭"证书，这是毕明通过四年学习获得的闸北区业余大学颁发的"电脑信息管理"的毕业证书，这是毕明爱心小学的孩子们在操场上玩耍的照片，这是……往事今朝像奔腾的波涛，幸福的回顾如吻着甜蜜的芳醇。

晚景怡然。从小爱奔向大爱的"艾爷爷、欣奶奶"，祝你们健康长寿。

我是"梅陇镇人"

——访著名画家潘鸿海

郭利民

夏晚，笔者叩响杭州市中心某大楼顶楼一家门，一位满头白发的老先生热情地把我和女儿迎了进去，他就是出生在梅陇的著名画家潘鸿海。

顶级龙井的香味充蕴在住家兼画室的宽阔楼宇，谢绝当晚记者来访，潘大师特地搁笔接待我们，并打开了对故乡的记忆：

"我是上中西路潘家老宅一位铁路工人家的孩子，我的弟弟现在就工

潘鸿海

作在闵行体育公园，"大师小口呷着茶，"1959 年离开潘家老宅时，母亲嘱咐我，人多的地方不要去，好好学手艺……"

淳朴本分的母亲哪里知道儿子学的这门手艺不简单，学手艺的去处更了不得：前西湖美专，现代美术大师林风眠、潘天寿设账的

油画：背影

浙江美术学院附中。

梅陇少年一待就是三年，他记着，从不去人多热闹的地方，只是如饥似渴地精研六法，陶醉在神奇的传统笔墨中。老梅陇小桥流水、老农、村姑、古树、归鸟，扛着锄头铁搭耕耘的邻家阿叔，老宅门口扎钩编结的大妈小姨，甚至"嘎嘎"亮翅的鸡们鸭们，在小潘同学的彩墨玉宣中显现出前辈祖辈画师名家罕见的江南乡情，春申神韵。

老师们高兴地关注着这个来自上海乡下的"学手艺"粗布少年，他们庆幸发现了一个好苗子，于是1967年他幸运地进入浙江人民美术出版社，一直干到副总编；主持《富春江画报》编辑工作，为我国的连环画事业作出很大贡献。

然而，他舍不得画笔和油画刀，与调色板、砚台难舍难分。1986年调入浙江画院任专职画师，是他专心作画的创作黄金期。后来，他先后任副院长、院长、国家一级美术师，被国务院授予"突出贡献专家"称号。

作为中国美术家协会会员，浙江画院名誉院长，他的一系列江南水乡作品被国内外画坛誉为不可多得的珍品、神品。

现在，作为华夏文化使者，国家不断安排他去"人多的地方"了。

他赴美国美术学院讲学，并举办个人画展后，1988年又应邀赴美国东西大学讲课，并举办个人画展。1990年访问新加坡并举办个

作品：春雨江南

油画：村口

人画展。1990—1992 年，他的作品赴中国台湾、中国香港、日本、法国等大型美术作品展二十余次。

人们惊奇地发现，他的西洋油画技巧表现出梦境般的江南水乡，而彩墨国画却蕴含油画丰富的层次与凝重。鸿海大师把美术这门"手艺"挥洒到了铁路工人家庭母亲难以想象的境界。

1993 年起，他的作品多次参加香港佳士得中国当代油画拍卖；1995 年参加香港国际艺术博览会；1996 年第三次赴美国访问。与此同时，《潘鸿海油画选》等个人画集出版了近十册。

当年的粗布少年已然满头白发，依然棉织汗衫布睡裤，执著地记着祖籍。

"老师，你的作品常常盖着一方'梅陇镇人'的朱文或白文印……"

"对，我就是梅陇镇人！跟我来……"他不由分说，来到大大的画案边。

轻展羊毛毡，大张生宣铺妥，舒臂接飞猱般地取过长毫，饱墨重笔，银发闪晃之际"梅陇镇人"四字竖幅已经题款盖章，赫然在目。

"带去，给梅陇！"他痛快地交给我。

"太感谢了……"我一时口拙，无法表达激动心情。

出得楼门，女儿梦好轻声赞叹："潘大师，大隐隐于市呀。"

我不及答言，只想大声喊一句：梅陇的父老乡亲、青年朋友们，为"梅陇镇人"这一名称而自豪吧！

动物小说大王沈石溪

王星云

在 2012 年刚刚结束的上海书展上，沪上著名儿童文学作家沈石溪先生推出了 3 个系列的动物世界丛书，吸引了无数的少年儿童追捧热读。孩子们在沈石溪的现场讲解故事中，沉浸于动物世界神秘和梦幻的快乐空间，领略大自然的无比奇妙、深远，为书展现场营造了别样的氛围。

被誉为中国动物小说大王的沈石溪，潜心动物小说创作 30 多年，已发表作品 500 多万字，2012 年他相继在上海少儿出版社推出《动物亲情故事》《动物神勇故事》《动物智慧故事》3 本新作，书写动物家族的温情关怀、智慧、勇敢，将自然赋予动物生灵的情感故事、趣味奇妙、勇义和壮美娓娓道来，细细展现，让儿

孩子们在听故事

童领略大千世界动物精灵的撼动人心的精彩瞬间，以此凝聚少年儿童幼小心灵的感受体验；在湖南少儿出版社出版《保姆蟒》《模样豹》《藏獒渡魂》3 部动物小说；在时代传媒公司主编出版《狼国在呼唤》《熊鹿之战》《天鹅之死》3 部中外动物的小说精品选集，全部亮相书展现场。

2012 年他推出的众多动物小说，融故事性、趣味性、知识性为一体，传递动物世界的善良、温顺、聪明、仗义、忠贞和所"爱"所"恨"，折射人性的亮点和光辉，在强烈的故事情景中，深刻的哲理内涵，深深吸引青少年读者。诚如他本人所言，自己创作的动物小说，是心中流淌出来的歌，用自身的生命之火炼过，能够给当代人以启迪，为和谐社会增光添彩，并潜移默化浸润少年儿童美好的心灵，培育他们善良的品质和未来的爱好。

步入天命之年的沈石溪，更加珍视创作的宝贵和社会的呼唤，更加体会到少年儿童阅读的需要，在哈日哈韩族卡通读物的挑战下，每天笔耕不止。

难能可贵的是，他还运用上海方言的表达方式，在新作品中融入本土特色；根据上海地域的特点、动物的特性，结合自己丰厚的动物小说创作经验，让祖国小天使的精神世界更加充满幻想，从小种下友好、科学、聪明的种子。

"不可告人"的荣誉

原公浦

1957 年，我从上海浦东调到二机部工作。当时我国的核武器科研工作是国家绝密，无论你是国际著名科学家、开国将军还是普通工人、战士，只要被选入这条战线，就从人间蒸发了，"上不告父母，下不告妻儿兄弟"，只有一个神秘的信箱号码证明你还活着。

作者青年时代

保密举措并非多余，十万米高空有美蒋 U2 高空侦察机，中亚遍布苏联克格勃情报网，南亚的许多雪山上，美国中情局侦听站虎视眈眈地盯着中国西部戈壁滩，甚至印度、日本也注视着中国。为了保卫年轻的祖国，全国人民节衣缩食打造这么一颗争气弹，谁也马虎不得。

妻子郭福妹曾经连续两年被评为甘肃省劳模，后来在同一个单位，却不知道我在哪个岗位。有时我们一连好几个星期碰不到一次。

1964 年 4 月 30 日上班前我对妻子严肃地嘱托："今天要去执行

作者近影

任务，如果回不来，三岁的女儿晓燕就靠你带大了……"

她含着热泪送我出了门，却无权知道为什么。

那天，我冒着生命危险完成了我国第一颗原子弹的核芯加工任务，领导用小轿车把我送回了家，她仍然不知道已经虚脱的我干了什么。

大炼钢铁，刮共产风，老家山东农村把父母为我造房子的木料全"共产"了，我不能破例写封信函去制止。

我的大女儿一生下来就托静安区江宁街道的老岳母带，户籍警常常上门催促，要赶她走，我们无法向上海方面讲得清，直到二机部干部局出了公函，大吃一惊的派出所才赶快让报了户口。

保密是不惜代价的，大戈壁深处有个金银滩，核工业基地建设前，已经在那里拍成一部故事片。为了安全，这部电影就封存起来，连演员们也没有看过。而当地少数民族老乡全部迁到了别处。

我单位有个表现不错的青年电工，三年困难时期获上级特批，回沪完婚，在国际饭店设下婚宴。酒酣耳热之际，兴奋的新郎自豪地对来宾说："想知道我是干

当年人民日报的号外

什么的吗?"尽管话吐出半句就觉不妥,但已闯下大祸,立即被神秘人物带走,很多年毫无音讯。

直到 1992 年大家才发现,青年电工后来去了生产美加净的沪上某日化厂,到退休还是个电工。

获得的奖章

我的内弟郭利民是位警官作家,1996 年在美国斯坦福大学国际军备与战略研究所出版的《中国原子弹的秘密》一书中发现,亲手加工原子弹铀芯的竟然是亲姐夫,就责怪我为何不早点讲。

1999 年,他将可以公开的情况写成文章寄到北京,立刻得了优

我国第一颗原子弹爆炸照片

秀奖,还被选入了中国摄影家协会出版的纪念建国五十周年《天安门前》一书。

有许多机密和荣誉确实是不可告人的。钱学森回国后就没了消息,上将张爱萍在乌斯塔拉地窝子里运筹帷幄,毛主席、周总理回肠荡气的接见讲话……现在都公开了,但仍然有许多核心绝密至今不为人所知。

当年我去北京汇报工作,

保卫同志贴身跟随，现在才知道，如果遇到不可抗拒的绑架劫持，他和我都需要牺牲自己而保全机密。

警惕一切可能暴露机密的场合，紧闭的嘴唇永远是保卫祖国安全，保证研制核武器成功的生命线。

印象梅陇

有难处，找白礼言

章　正

2019 年春节前夕，几次想采访白礼言，都因她太忙而无果。最近终于如约在梅陇镇社保中心"老舅妈工作室"见到白礼言。

白礼言

一进办公室，只见满头白发的白礼言正在接待一位年近九旬的老翁。原来，老翁找不到儿子的家，于是，求助"老舅妈"帮忙寻找。

白礼言抱歉地说，不好意思，这位老先生是突然上门求助的。我理解地笑笑。反问，你原来定的每周一、三、五接待来访，看来是很难做到了。她说，现在除了双休日，每天都排得满满的。虽然累，但为求助的人解决了问题，也开心。

比如前几天，一位蒙古族张姓母亲上门求助。原来，她家 38 岁的残疾儿子从未参加过工作，生活没有保障。白礼言先是帮助联系政府指定的鉴定单位，为其做了残疾鉴定，鉴定为四级残疾。接着又为他联系梅陇镇妇联，帮他解决劳保福利和安排工作。终于，这位生活没有保障的残疾者，找到了适当的工作，其母亲欣慰地说，这回安心了，死了也可以闭眼了。

一天，一位男子排队领取独生子女补贴，排着排着，他突然脸色苍白，说：不行了，不行了，支持不住了。正巧白礼言看到这一幕，立即把他扶进办公室。休息了一会，那人向白礼言倾诉起自己的困境。他家住罗阳四村，今年才50岁，却身患胃癌，又转移至肺、脑、肠，四处癌症集于一身，市级大医院已拒绝收治。他希望有人帮助找一家医院收治。白礼言说，让我试试看。

隔天，她找到社区卫生院主任，讲了这位男士的情况，说着说着，流下了同情的热泪。主任也被感动了，破例在卫生院开设了临终关怀病床。住院期间，白礼言和志愿者多次去探望，这位患者将白礼言视为最信赖的人，留下遗言，把即将毕业的女儿找工作的重任，托付给了白礼言。之后，他有尊严地、了无遗憾地告别了人世。

"老舅妈"又开辟了一项新的帮扶。从那以后，由老舅妈工作室牵线临终关怀的，已经送走了10个人。

外来妹小王，自从和因吸毒被判刑的丈夫离婚后，带着九岁的女儿佳佳艰难度日。从那时开始，佳佳自闭倾向日益严重。小王找到老舅妈工作室。白礼言先是通过救助渠道，争取了一些补助款，然后她陪孩子到上海博物馆参观。随着观看展品，孩子绷紧的眉眼放松了，说，以前爸爸也带她参观过博物馆。午饭时，孩子点了喜欢吃的大排面，脸上露出了久违的笑容。

饭后，佳佳的话多了起来。白礼言了解到，佳佳的英语、数学跟不上，于是联系数学和英语志愿者老师为佳佳补课，又从闵行区申请委派心理医生张老师对佳佳进行心理疏导。佳佳逐渐从自卑的阴影中走了出来，学习成绩显著提高。经过六年的追踪帮扶，佳佳初中毕业后取得了职业中专糕点师资格证书，完全变了一个人。

佳佳妈妈小王感动之余，主动提出参加各种志愿者活动，帮助别人。目前，母女俩已经成为志愿者中的活跃人物，特别是佳佳，成为辅导其他孩子的志愿者老师。

白礼言见不得别人流泪，别人流泪，她也会陪着流泪。

那是一个失去独生女的家庭，丈夫病重躺在医院里，妻子也病了，女儿留下的外孙被企业派到泰国工作。平时，老两口有护工照料，还算过得去，白礼言和其他老舅妈们时常去探望。临近年关，护工要回家过年，夫妻俩一时没了方向。电话打到老娘舅工作室，几位老娘舅齐刷刷地站在医院的病床前。白礼言说，大年初一我来照顾，其他几位也报出了排班顺序。

大年三十晚上，医院来了电话，远在泰国的外孙听说老舅妈白礼言在陪护外公，急着给在上海的同学打电话：不管花多少钱，也要帮忙找到护工！近年来，老舅妈们关怀的失独家庭发展到159户。2017年，老舅妈们在梅陇镇成立了"同乐一家亲"俱乐部，建立了失独家庭微信群，俱乐部成了失独家庭的温暖之家。

白礼言常常忙得不能按时用餐，忘记了自己还是个一天需要打两次胰岛素的糖尿病人。她说，能够架起弱势群体和政府对接的桥梁，比什么都开心。

白礼言不是一个人在战斗，她带领的老舅妈工作室，是18人组成的志愿者团队，还有梅陇镇64个居委会配合工作。这些人责任心强，白礼言一发话，他们把自家的事情撂在一边，立马上阵。

白礼言被评为2018年上海市统战系统先进个人，老舅妈工作室被评为上海市少数民族团队先进集体，她家被评为全国五好家庭，当之无愧。

种花女状元

章　正

马桂珍

在有"花乡"之称的梅陇镇华二村，有一位曾经闻名遐迩的种花女状元，她就是全国"三八红旗手"马桂珍。

马桂珍是土生土长的农村姑娘，16岁初中毕业后回家务农种菜、培育水稻，经过几年磨炼，成为田里的一把好手。她所在的华二村11生产队，原是个征地没人要、收入年年低的村庄。1987年，改革开放的春风沐浴农村大地，45岁的马桂珍和几个伙伴，承包了11个塑料大棚，种植四亩花卉。但熟悉农活十八般技艺的马桂珍，对种花十分陌生。好在具有初中文化的她，虚心好学，又肯吃苦，当一批康乃馨花苗植入大棚里，她就与花"共同成长"。她是两个女孩的母亲，妈妈两头不见太阳，好像长在花卉大棚里，于是，慈父兼任慈母，家中大小事情都由丈夫操持。女儿多年后回忆说，当时妈妈忙着照顾她的花卉，根本顾不上我们。但是，我很为有这样一个拿回好多大红本子奖状的妈妈而骄傲。

种植花卉和种植蔬菜、水稻，虽然都是种田，但差别很大。首先是虫害，特别是水稻茬的地块，虫害比较严重。再一个是花苗的病毒，很难防治。她不顾劳累，虚心向引进荷兰花苗的经销商请教，不断地摸索、试验，终于掌握了打药水防治虫害和防治黑斑病毒的技术，使花苗健康生长。

培育优等康乃馨，掌握花苗掐头，去劣留优技术很重要，这既是一项技术活，又是一项体力活。大棚内成千上万株花苗都要经过掐头去劣留优处理，才能培育出优质花卉。她和伙伴们一头扎在大棚内，眼观花苗，掐去劣苗，手疾眼快，既要速度，还要质量。长时间盯着花苗，她得了视觉残留症，满眼都是花骨朵，走出大棚，满眼的花骨朵还飘浮着不肯散去；回到家中，灶台上、餐桌上，仍然浮现着花骨朵。

马桂珍逐步掌握了培育花苗的全套技术，为避免重茬影响花卉生长，她采取换土办法，在大棚里换上"客土"，这也是一个力气活。

康乃馨

到了冬季，她将塑料大棚加至两层到三层。棚外寒气逼人，棚内温暖如春。但大棚里湿度大，身上穿的棉毛衣裤，全部湿淋淋的，很难受。

一次，马桂珍挑着百斤重的肥料担子，给花卉追肥，不料，脚下湿滑，摔了一跤。医生说她腰椎受伤了，可以手术治疗，也可保守治疗。为了不耽误花卉生产，她选择了保守治疗，但此后她的腰一直隐隐作痛，直到十多年后腰部装了钢板……

别看马桂珍在小小的 11 队生产的花卉，它竟占上海市花卉生产总量的三分之一，还销到了北京。靠种植花卉，队里农民的收入如芝麻开花节节高，每位社员年分红近两万元！在那个万元户是"稀罕物"的年代，她所在的队，家家都是万元户。

"穆桂英"今年 90 岁

孙 珂

2017 年我是"80 后",89 岁参加了首届"炫梅陇"百姓才艺大赛;2018 年,我长了一岁,倒成了"90 后",又来到大赛现场,想不到从海选、初赛、复赛一直"秀"到决赛,最后还获了奖。是几等奖,我不在乎,我开心的是,每次演出后,评委对我的褒奖以及观众对我的喝彩。想不到耄耋之年,还牛气十足,还有在舞台上"跃马扬鞭"尽展风采的时候。

作者近影

虽然,我上台表演已达 276 次,但只是个京剧票友,我这个"票友",还玩到了北京;我到北京的姐姐(她也健康高寿)家去,北京的几个"票友"都请我去唱戏,姐姐对我说,你在北京的名气不小呢。

梅陇,也有我们的京剧沙龙,每周都有活动。我在家待不住,会友、听戏、学戏,几乎天天在外面跑,你们联系我,只能打我的手机;地铁上比较嘈杂,有时候信号不好,我接电话可能慢一些,你们别着急。

我嗓子不好，又沙又哑，年轻的时候不敢奢望唱京剧，只是抗战时，上台演过《放下你的鞭子》等话剧。唱京剧，是"文革"时，为了排遣心中的郁闷，在家里关好门窗，拉上窗帘，悄悄地打开留声机，边听边唱……

郁闷，是因为出身不好。父亲是代表金坛、溧阳、宜兴三个地区的"国大代表"，上海解放前夕去了台湾，给我留下常常被人揪住的"反动尾巴"和几十年的政治阴影。作为"黑六类"，我安分守己，绝不"乱说乱动"，总算没有灾祸临头，但日子过得甚为艰辛。我丈夫去世早，两儿两女加上两位老人，七张嘴要吃饭，全靠我的一双手。单位里加工资没我的分，我白天在中百采购供应站上班，晚上则拼命地踩缝纫机干点私活贴补家用。

1979 年退休后，我生命的春天来临了。那一年，我加入民革，此后，又在徐汇区担任了九年民革的支部书记。我的社会活动很多，"文艺生活"更是丰富多彩。我获得 14 个奖状，还有一个"晚年放光彩"奖。

学戏，我有灵气。三个老太太跟着老师学《霸王别姬》舞剑，她们半天没学会，作为旁观者，我去试一试，成了。京剧，我没拜过老师，看看听听学学，我已能唱 40 多个戏；我自编自导自演的《白毛女》，还在上海市工人文化宫得了奖。

1976 年演《天仙配》

京剧名角李玉茹来沪献演《宇宙

剧照

黄浦文化馆大剧场《山中夜店》
（右二为作者）

《霸王别姬》剧照

锋》，出演哑巴丫鬟的专业演员临时生病不能上场，火烧眉毛之际，有人推荐了我。我不怯场，戏虽不多，但我的表演"相当到位"。此后，什么戏里缺个"角"，都会想到我，而每次，我都能像模像样地把戏配好，有时，还会尽情地"发挥一下"。

退休后，我去台湾九次，主要是去探望我的继母，她比我大11岁。当年，她与父亲结婚时，我很怨恨她，不理睬她；如今，我们是无话不谈的亲人。每个人都不容易，人啊，需要消除误解，包容共存。

我苦尽甜来，大女儿在巴西办学；大儿子是拳击裁判；二女儿是舞蹈学校的"尖子"，常带学生出国演出；小儿子今年退休了，孙女是复旦大学高材生……他们对我是百般孝顺，轮流接我去住，让我在他们那里享享福。可我在儿孙那里待不住，我告诉孩子们：新时代的"孝"，就是尊重我的喜好，我能吃能睡能活动，你们不能把我拴住。我喜欢自由活动，也有自己的生活规律：早晨醒来，喝一杯水后就在床上做一套保健按摩，起床后打一套太极拳；早饭后，稍事休息，便去天井舞剑练功……

我已有第四代，我要让重孙子看看他曾祖母演的穆桂英：疾步上场，神采飞扬，彩色披肩如美丽的大蝴蝶，翩翩"飞"到观众面前……

彩虹妈妈和"星星的孩子"

刘辛培

彩虹妈妈名叫张灿红，是梅陇镇罗阳四村居民，她的家庭不久前被评为首届全国文明家庭，上海只有八个家庭入选，她受到习近平总书记的接见——那天，习近平总书记穿着深灰色的拉链衫，笑眯眯的，像隔壁阿哥一样。她好激动，不是做梦吧？使劲掐一下手臂，是真的！当习近平总书记绵厚温暖的大手握住她的手时，她热泪盈眶！习近平总书记温和地说：只有家庭搞好了，社会才能搞好。

彩虹妈妈"搞好家庭"不容易，因为她的儿子嘉伟是"星星的孩子"。这样的孩子什么状况？

小时候洗澡，他的身体总像鱼儿打挺；一岁时，哭的声音像有人掐他；两岁才会走路，但从此就像无头苍蝇，踮着脚低头狂跑；邻居逗他，他从不看人家的脸，大家说："这孩子架子好大！"半夜三更，他像上足了发条的机器人，两眼雪亮，一会儿频繁开关电源，一会儿又大扫荡，把厨房里的锅碗瓢盆全部扔出窗外！他天天满头大汗手脚不停，他的爸妈轮班盯着他，精疲力竭，如履薄冰。

害怕"所有的变化"，给他换外套，他往地板上一躺，好像天要塌下。出门乘公交车，车不来改乘地铁，他突然发疯似地撞向地铁

彩虹妈妈

印象梅陇

上的人群！

他得的是"孤独症"，从大医院到小诊所，从民间偏方到针灸气功，一切治疗均无效。终于，彩虹妈妈想：既然无药可治，就跟每天出现的问题斗争！

那一天，家里想把大床移位，就认真地告诉嘉伟："床必须搬过去！"然后，妈妈和爸爸一边用劲一边齐声喊："一！二！三！"合力把大床移了位置。意外的是，这次嘉伟没有大吵大闹，而且接受了大床移位这一变化。

马桶堵住了，又是积木卡在里面。经过"策划"，师傅卸下马桶，便夸张地"训斥"妈妈：积木导致马桶被拆下！妈妈点头哈腰"对不起"，又故意让嘉伟把积木再扔进马桶，同时又害怕地拉着儿子后退："不！不能这样做！"后来，嘉伟再也不将积木扔进马桶。

噩梦中"醒来"，彩虹妈妈觉得应该做些事。她用退休工资创办"彩虹妈妈工作室"，希望孤独症家庭，苦了累了都能到她这里歇一歇。

她建立"彩虹俱乐部"微信群，五湖四海400多个患儿家庭相继加入，线上线下她忙得不亦乐乎，常常干着家务戴着耳麦回答各种问题："我老公看到儿子犟头倔脑竟然一个耳光打过去！我去拉，他叫我滚！彩虹妈妈，你说这日子怎么过？呜呜呜……"

彩虹妈妈也在掉泪，天天面对这样的孩子，大人的精神也要崩溃，可她辗转找到那位爸爸，苦口婆心讲道理，邀请这家人参加群里的活动。

这些郊外的活动，都是彩虹妈妈设计组织的，几十个"星星的孩子"在群体和家长的游戏中相互认识，相互碰撞——孩子们感到，我不是一颗孤独的星星，我的周围，那么多星星在向我眨着友好的眼睛……还有那么多的爸爸妈妈，他们是柔情的月亮，他们是温暖的太阳。

俞振飞夫人黄曼耘

蒋星煜

最近梅陇镇在历史文脉的追踪和发掘上做了不少工作，也出版了几本书，我才知道近代著名政法学者钱端升教授、昆曲音乐家朱尧文也是梅陇人，真可谓人杰地灵，给梅陇镇增添了光彩。

今天的昆曲观众，不知道俞振飞早年的夫人是黄曼耘，更不知道黄曼耘是书卷气不亚于俞振飞的昆曲表演艺术家。我现在定居梅陇，觉得有责任把她的事迹做一些介绍。

俞、黄夫妇与义子徐冠春

黄曼耘出生于梅陇书香之家，从小受到书画诗词的熏陶，天资聪颖，造诣不凡，自号曼耘馆主。出嫁后随夫到北京，在女子师范学校执教是京剧票友，她有志对京剧进一步深造，于是拜京剧界"通天教主"王瑶卿为师，一下子成了京剧名票。经过王瑶卿的指点，她在京剧的唱、做、念多方面突飞猛进，多次与俞振飞同台献艺，共同语言很多，很快就情投意合。

俞振飞（右二）黄曼耘（右四）和张大千（右五）

俞振飞、梅兰芳（左三）与黄曼耘（右三）合影

俞振飞　黄曼耘
演出《贩马记》

于是黄曼耘与丈夫离婚，同小她一岁的俞振飞办了婚事。这是1936年前后的事情，俞振飞既能京剧，更是昆曲名家，黄曼耘对京剧的爱好也随之转移，很快成了昆曲名旦。俞振飞扮赵宠、黄曼耘扮演李桂枝的《贩马记》就成为他们的拿手好戏，受到观众的热烈欢迎。

抗战之后，俞振飞、黄曼耘定居上海租界。1950年12月，俞振飞、黄曼耘夫妇南下香港。在香港，他们也经常同台合演。黄曼耘多才多艺，她的画被当时在香港的大名鼎鼎的张大千所欣赏，黄曼耘于是拜张大千为师，在绘画方面有了许多创作。

1955年4月1日，俞振飞、黄曼耘离开香港，经广州、武汉到北京，一同参加了梅兰芳、周信芳舞台生活五十周年活动。8月间，他们回到上海，黄曼耘此时发现患上癌症，1956年8月病逝。

俞振飞有过多次婚姻，但他与黄曼耘的婚姻达二十年之久，是一生中最长的一次婚姻。他们居住香港时，黄曼耘有一次演出《思凡》，俞振飞为之吹笛。俞振飞演出时的戏装及其花纹等图案颇多出自于黄曼耘的设计。

我接触昆曲稍迟，没有直接欣赏过黄曼耘的精彩演唱。改革开放之初，方家骥、朱建明编纂的《上海昆剧志》我忝为此书顾问，才知黄曼耘这位昆剧名旦的事迹。

我觉得这是梅陇历代文脉中光辉的一页，不可任其湮没。因为业余兼长京昆书画的艺术家，近百年来寥寥可数，至于女性艺术家，更属罕见，黄曼耘之外，恐怕难找第二人了。

至于我本人，和俞振飞、言慧珠两位是老朋友，也认识俞振飞的夫人李蔷华，却未和黄曼耘直接见过面。如今写此短文，稍解深深遗憾耳。

乡愁·乡音

流水席里流淌着的乡愁

——三天烧 150 桌年夜饭

黄勇娣

小时候，总觉得"过年"就是孩子们走街串巷手里提着的那一盏盏花灯，衣兜里揣着鼓鼓囊囊的那一把糖果，饭桌上满满当当的一桌团圆饭，还有午夜此起彼伏连绵不绝的爆竹声，在烟火气息中换上了一身新衣，问候、拜年、拿压岁钱……忽然长大了一岁的我们，才发现新的一年就这样开始了。

如今，成年后的我们，越来越怀念儿时的"年味儿"。记忆里，一道道独特风味的地方菜肴，就是烙在舌尖上的最浓厚年味儿。在上海郊区，不同地区有不同的舌尖年味儿，每个地方也都曾有一批炙手可热的乡厨。如今，随着城市化的快速推进，这些乡厨到底去哪里了？他们的春节还忙碌吗？春节前，本栏目找到了闵行、金山、奉贤、崇明的几位乡厨，来听听他们的故事吧——

凌晨五点多，东方刚露出鱼肚白，林海鹰便将"吃饭家什"——菜刀、勺子、锅、炉灶，从仓库里拖上货车出发。

很快，闵行梅陇镇华一村的村民会所里，便出现了热火朝天的忙碌景象。手脚利落，忙着洗菜淘米的阿姨，热着油锅准备炸猪皮、蹄筋的掌勺厨师，专心致志做八宝饭、餐后点心的点心师傅，动作娴熟，提前准备冷菜的切配工……这便是林海鹰所在的乡村厨师团队。他们专门为周边农民和居民的婚丧喜事、年夜饭提供酒席服务，十几年来在镇上有口皆碑，甚至还被请到南汇、松江等地办酒席。

与市中心去酒店办喜事不同，按照梅陇的乡俗，办事的东家更喜欢请乡厨团队烧"流水席"，招待亲友们吃上三天八顿。

林海鹰告诉记者，其实，自己最喜欢烧的，还是年夜饭。2018年除夕加上前两天，他们一共烧了150桌，全村八成村民都会来一起吃年夜饭，现场浓浓的年味让人陶醉。

一顿年夜饭，让动迁村民又聚到了一起

林海鹰出生于1975年，是土生土长的梅陇镇曹中村人，自幼便喜欢做菜，十四五岁便跟着村里面的厨师走村串乡，帮别人家忙活红白喜事。

当谈到为什么喜欢当厨师时，林海鹰笑着说，小时候物质条件差，能在过年时节吃上一顿别人家的宴席便是天大的美事，因此一直对离美食最近的厨师岗位很是羡慕，并且，他觉得村里厨师做出的菜特别好吃，于是便立志也要当一名乡村厨师。

1995年，林海鹰来到上海碳素厂做技工，但他并没有放下当厨师的理想，一有空就继续跟着村里老师傅忙活红白喜事的饭食。平时不怎么爱读书的他，还专门买了很多关于厨艺、菜谱的书籍，私下学习与研究。

几年后，碳素厂开设厨师培训班，林海鹰立刻抓住这个千载难逢的机会。在培训班里，他认真向前来授艺的大饭店主厨请教，从

切配学起，将以前不规范的习惯纠正过来，系统补习厨艺。不久后，他就考取了厨师初级证书、厨师高级证书，目前正准备考厨师技师证书。

2000年后，从厂里"买断"出来的林海鹰，成为了一名全职的专业厨师，目前是一家白领餐厅的厨师长。按常理，平时工作就是厨子的林海鹰可能不会再去走村串乡，当辛苦奔忙的乡村厨师，但他却说，十多年来养成的习惯一直改不掉。

"我平常也没什么其他爱好，就是喜欢在乡下当厨师，帮人家烧菜。特别是在附近几个村烧菜，主人、宾客都是我的老朋友，他们总会特地找到厨房间跟我打招呼。开席前，大家还会忙里偷闲，走出来抽根烟，聊聊近况，感觉很愉快。"林海鹰告诉记者，对自己而言，为乡里乡亲烧上一桌本帮菜，大家好好聚聚、话话家常，就是最有意思的娱乐活动。

"村里的集体年夜饭，是最热闹的。摆上一百多桌，八成村民都来一起过年，那热乎的气氛我特别喜欢。"林海鹰说。

跟林海鹰一起长大的邻居林彩萍在一旁补充说，2000年开始，为了热闹，村里十几家村民拼桌子在她家吃年夜饭，每次烧菜的都是林海鹰。后来，村里建了文化客堂间（村民会所），大家吃年夜饭的地点便移到那里了。而文化客堂间，是梅陇镇为了满足村民的精神文化需求而建，曾经是只举行婚丧喜事的村民会所，现在则改造提升成多功能的休闲文化活动场所。

"2017年的年夜饭，足有一百五十多桌。动迁后的大家，难得又聚在了一起，来了足有八成村民，特别不容易。当时，我在微信朋友圈发了一张年夜饭的照片，随后，我的初中乃至小学同学在下面齐刷刷留言，表示自己就在现场。要知道，他们大多已不住在本村，大家很长时间没见面了，没想到，一顿年夜饭让大家又聚到了一起……那次，烧菜的主厨也还是林海鹰。"林彩萍说。

烧制冰糖羊肉，两斤羊肉要放半斤冰糖？

林海鹰不善言辞，但聊起美味佳肴却滔滔不绝。

"时代变迁了，拿现在和过去比，真的完全两样。早年我给办事的东家烧菜时，如果台面上有鸡、鸭、鱼、肉'四大金刚'，甲鱼、黄鳝等河鲜，那就是相当好了，主人很有面子。条件差一点的人家办酒席，就只能整一个'八大碗拼盘'和八个热菜。但这几年出去烧菜，连大王蛇、澳龙、大闸蟹也成了常见菜，不少人家甚至以海鲜为主。"林海鹰告诉记者，所谓的"八大碗拼盘"就是小排打底，然后配上熏鱼、皮蛋等冷菜，装在一个十寸大的拼盘里。而八个热菜，基本上是茭白炒肉丝、葱花炒鸡蛋等，很多都是白菜、茭白打底，上面则特意放上肉，看上去体面好看，再加上一个热汤、一个酒酿圆子、一个八宝饭，整桌菜就齐活了。那时候，每桌席面上用的鸡鸭，也都不是整鸡整鸭，而是切成块的。

他笑着解释说，20年前流行烧汤菜，而现在炒菜较多，很大程度上是因为物质条件有巨大差距，因为烧汤菜，用菜油少，而是可以用大骨头熬出的高汤，多放些汤汤水水，吃起来味道不错，看起来分量也足一些。

冰糖羊肉，说是当地办酒席必备的一道菜。这道羊肉菜肴，与现在常见烧法大不相同，甜度很高，但在冰糖稀缺的20世纪八九十年代，这可是个实打实的硬菜。

这样一个广受村民喜爱的菜，林海鹰自然是烧制它的行家里手。"我们这儿的冰糖羊肉烧法，和其他地方完全不同。别处烧这道菜，

流水席

都是先把羊肉烫好后，拿出来，以去掉羊肉本身的腥味，而我们是直接将事先冲洗干净的羊肉放进锅里烧，不允许将肉捞出水，不许放入吸油的萝卜等食材，而是保留羊肉的原汁原味。这是老师傅手把手传下来的规矩，违背的话是要被骂的。"

烧冰糖羊肉时，林海鹰先把锅烧热，随后放入油、整块的葱姜起爆，再加入热水，之后放入事先冲洗干净的羊肉。羊肉下锅烧到八成熟时，再将冰糖、盐、老抽放下去，用大火把羊汤烧干，并不断将汤面上油沫去掉。如此，冰糖羊肉出锅后，色泽红亮，汤汁浓郁，味道鲜美。他强调，烧这道菜时，每两斤羊肉就要放半斤冰糖。

办酒席时，用自制的肉皮烧菜，也是附近的传统。林海鹰说，市场上很难买到正宗的三林肉皮，为了让客人吃到高品质的菜肴，办事的东家往往会请厨师自行加工肉皮。此外，当地还有一个不成文的规矩，那就是办婚宴喜事时，不允许有香干等豆制品，而只能在办白事时用。

"在几十年前，家里办事，比如儿子娶媳妇，都要提前养一头猪或一只羊，办酒席前杀了，用来给厨师做猪下水、发肉皮，那时候的羊肉、猪肉吃起来喷香。许多干货，则要提前几个月采购回来。"林海鹰说，那时因为没有冰箱，不能冷藏菜，所以，除了白事没办法，喜事一般都放到天气较冷的冬天办。

请乡村厨师烧流水席，还有市场空间吗？对此，老林坦言："现在大家的生活条件改善了，但乡村酒席却越来越受欢迎了。以村民会所里的年夜饭为例，一桌有大王蛇、澳龙、高蟹等菜肴的宴席，只要两千元就能吃到，实惠又好吃，而酒店里的价格要翻几倍呢。而且，全村人一起吃年夜饭，比家里几个人吃，更热闹也更有年味。"

渐渐逝去的乡俗，让人难舍的乡愁

其实，相对于物质条件富足的现在，林海鹰更怀念"吃一块肉便能口舌生津一天"、"一家人办事、全村人参与"的过去。

作为乡村厨师团队的一员，林海鹰并不喜欢现在看似方便的"一条龙"服务。他说，在 2000 年以前，曹中村人办事，通常是请亲朋中善于烹饪的人或林海鹰这样的乡村厨师掌勺，同时请邻居、亲戚帮忙买菜、洗菜、配菜、端盘等，锅碗瓢盆、桌椅碗筷也都要跟村里的各家借的。那时，各家也都有木质的托菜盘，一旦村里有人家办酒席，只要招呼一声，大家便会将托菜盘以及家里的八仙桌、长椅相借，称得上"一家做事，十家帮忙"，村民间感情很热络。

"有时候，办一场婚丧喜事，便能化解一场仇怨。"林海鹰说，因为每家办事都要请村里邻居来帮忙，所以相互帮忙是一个潜规则，只要上门请，哪怕平时关系一般，村民也会去帮别人家做事。如果村里两家人有了矛盾，只要办事时，邀请帮忙，就是一个和解的信号。一般情况下，只要宴席吃完，两人抽一根烟，便能和好如初。过去烧饭做菜的灶台，也和现在完全不一样，是用砖瓦砌成的土灶。办酒席时，东家的灶台用来烧菜，隔壁邻居家的则用来烧饭、烧开水。在办酒席前，东家就要收集好足够的木柴，而不能用平时自己烧饭用的稻草。因为木柴在炉灶里比较耐烧，而稻草很快就烧完了，不容易控制火候。值得一提的是，曹中村过去有一个制刷厂，村里人每家办事时，都去求取一些木刷边角料，用来做烧火的柴禾。

用土灶烧大锅饭是相当需要水平的，尤其是控温的难度。所以办事时，烧柴火的，一定是能掌握火候的"老法师"。林海鹰的爷爷，就是这么一个能配合厨师火候要求、经常被东家请去烧柴的人。也因此，林海鹰便能时常跟着爷爷进到灶膛间，一边看着厨师烧菜，一边享受着冬日里难得的温暖。林海鹰小时候能与厨师这行当结缘，也有这方面的原因。

早年，还有一个与乡村厨师相辅相成的团队，叫做"茶担"。他们专门负责提供整齐的碗筷、喝水的杯子、勺子等工具。"茶担"很重要的职司，就是宴席吃到一半时，准备数条用开水浇的滚烫的热毛巾，再撒上花露水，弄得喷香，帮客人擦去脸上的油腻。在当时的乡间，这一款特色服务，可不逊色于现在的五星级酒店服务。

"现在，在村里吃流水席，越来越像去饭店吃饭，办事的东家也不用忙活什么，来吃饭的村民也是吃完就走，大家少了以前村里办酒席的那股子热乎劲儿。"林海鹰有点惆怅地说道，自己还是喜欢过去那种氛围，经常会怀念，好在，这两年村里开始一起吃年夜饭，让大家又找回了一些乡愁记忆。

客堂间留住乡愁

彭　玥

近几年来，闵行区梅陇镇陆续打造了数个各具地域特色、功能多元、辐射面广的客堂间，使客堂间成为了村民们的休闲文化驿站。

与众不同的客堂间不仅得到本村村民的连连称赞，还引来周边村居民的强势围观。这个客堂间到底有什么独到之处呢？记者

闵行文化客堂间

实地探访后发现，这个位于梅陇镇永联村的永联文化生态园是一座名副其实的"室外客堂间"。城市有弄堂文化，农村有客堂情怀。随着城市化进程的加快，过去农村家庭接待贵宾的客厅现如今已从"家里"搬至了"家外"，甚至从"室内"延伸到"室外"。近几年，闵行区梅陇镇先后建成了不同风格、不同地域特色的客堂间，而这些或以室外为创新、或以中医诊疗为特色、或以戏曲见长的客堂间已成为一个个区域地标和文化驿站。

永联村：把客堂间开到室外

上午10点多已是烈日炎炎，但在永联文化生态园一座凉亭内吹笛子的老伯伯仍意犹未尽。生态园管理人员告诉记者，老伯伯每天都会步行两站路的距离，一手牵着自己的爱犬，一手拿着笛子来到生态园的这座凉亭，一待就是一上午。"不仅这位老伯伯，周边工业园区的年轻白领、永联村的村民租户们和附近村居民都喜欢到这里散散步、看看戏、聊聊天。"而租住在永联村的吴先生则告诉记者："前几天，这里演了一出沪剧《新娘奇冤》，我特地跑过来看的，真的很精彩。"还不能完全听懂上海话的吴先生觉得，尽管对戏的内容不是很理解，但这种专业水平的演出和这种千人看戏的氛围还是给人留下了深刻的记忆。

大家口中既有戏台、又有休闲场地的场所正是被称为永联村村民"后花园"的永联文化生态园。这座占地面积达60亩、植被茂盛的生态园地形起伏、亭台桥廊错落有致，谁也无法想象，这里曾是一处钢材堆场。"在村宅范围内的长浜、关港两条河道，那时候堆满各色生活垃圾和工业废品，天热散发出的臭味在屋子里都能闻到。"生产队长老杨回忆道。经过拆违和整治等一系列措施，现在，钢材堆场已改头换面成为拥有三路、三亭、一桥、一画廊和一舞台的文化生态园。2018年5月，园内新增的一个长14米、宽8米，灯光、布景一应俱全的"百姓戏台"更是聚足了人气。据介绍，戏台落成后，镇文体中心将文化项目配送进村，现在每月两场电影、每两个月一次演出、不定期配送的各类活动已让"百姓戏台"成为村民自娱自乐的最佳场所。

集心村：在客堂间里过戏瘾

"7月3日，七一巡演。7月5日，区优秀理论教育故事巡讲。7

月 11 日，京剧《沙家浜》。7 月 12 日，防范'套路贷'等金融诈骗。7 月 16 日，上海木偶剧团演出《孙悟空三打白骨精》。7 月 30 日，上海滑稽剧团演出《行善、缺德》。"这份日程表是梅陇镇集心村客堂间 7 月份的活动安排。"今天正好是纪念改革开放 40 周年文艺巡演，演出水平都蛮高的，我特地过来看看。"7 月 3 日一大早就来到客堂间的张老伯告诉记者，他平时喜欢看沪剧、越剧、魔术和歌舞表演，而客堂间的活动丰富多彩，"还能碰到不少平时难得见到的乡亲，大家一起坐在八仙桌上嘎嘎山胡不是蛮好嘛！"张老伯觉得，在

修齐讲堂

集心邻里中心

客堂间热热闹闹看场戏比打麻将、看电视强多了。

现在，客堂间既有区、镇文体中心配送的沪剧、越剧、滑稽戏、歌舞等，也有村戏迷协会自排自演的沪剧折子戏。除了专业团队，集心村还有个50余人的戏迷协会，"他们还被一些单位邀请去演出，这些业余爱好者已经变成'草根名角'了"。该客堂间负责人孙皓表示，除了戏曲，客堂间还会根据老、中、青三代人的不同需求安排不同的活动内容，涉及老年人切身利益的各类讲座、文艺演出，还有专门在暑期为小朋友安排的木偶剧都受到本村村民、乃至附近村居民的热捧。

行西村：客堂间有个"云中医"

不到上午8点，行西村文化客堂间云中医义诊室门口便排起了长队，"以前没有文化客堂间的时候，义诊室设在卫生室，那里空间有限，村民都在外面候诊。现在，义诊室搬到了客堂间，来看病就可以在舒适宽敞的室内等候了。"村党总支书记朱文平说道。2010年，龙华医院中医专家杨柏灿教授开始在行西村的村卫生室开展义诊活动，每周六上午8点到11点是杨教授的坐诊时间，每逢周六，本村村民、甚至外村村民纷纷慕名前来找杨教授问诊。随着义诊地点搬移至文化客堂间，义诊室也有了"云中医"的别称。"有一些患者是癌症术后调理，杨教授每周在客堂间给患者开处方，患者凭处方可以去龙华医院直接开药，对患者来说非常方便。"

据悉，杨教授的言传身教还带动了行西村的志愿服务工作，啄木鸟志愿者服务队应运而生。他们由村民自发组成，活跃在行西村的各个角落，参与到为老服务、清洁家园、文明引导、爱心义卖等志愿服务工作中，还荣获了《2015—2016年度闵行区志愿服务先进集体》及 2017 年闵行区志愿服务三星级团队的称号。

记者手记：乡愁聚人心

记者在采访中了解到，有的客堂间不仅保留了农耕时期的原始风貌，还组织了相应的活动。比如许泾村客堂间的广场上就曾举办过农耕运动会，插秧、搓草绳、挑扁担、扭秧歌……这些还原农耕劳动的游戏将不再从事农业劳作的村民们又聚集在了一起，让不少村民感怀不已。

在客堂间，村民们都很有主人翁意识，他们像在自家客厅一样看戏、赏景、操着乡音跟乡亲乡邻叙旧，也像对待自家客厅一样建设、管理和维护。而正是客堂间的存在，才使散落在四处的心和情再次聚拢。这些形制各异、功能多元、各具特色的客堂间不仅仅是大家的"客厅"，更是穿过弄堂的一团团烟火气，是将四零八落的人心聚集起来的无形力量，是承载着乡音、乡情和乡愁的美丽家园。

至诚至爱"姐弟"情

刘辛培

1996 年，刘鸿昌退休后去上海植物园练操，在那里，他认识了 73 岁、生活凄苦的盛定仙，怜悯之心油然而起，他开始帮助盛老太……

10 年过去了，一只眼睛看不见的孤老盛定仙又摔断了腿，只有一室一厅住房的刘鸿昌夫妇，为了更好地照顾"姐姐"盛定仙，于 2006 年买了二室一厅的住房。

从此，姐姐与弟弟、弟妹组成了一个特殊的家庭。

温馨的家庭不止三口人

在朱行一居，笔者走进了刘鸿昌窗明几净、一尘不染的家。屋外春寒料峭，屋内暖意融融，刘鸿昌的弟弟和小女儿刘春凤都在这里。弟弟带来了自制的豆沙包和八宝饭，据他介绍，包子和八宝饭里的豆沙也是自己做的，是"全豆沙"，不像外面买来的豆沙中有山芋粉——自己做的包子吃了不胀气，"大孃孃（盛定仙）90 岁了，要让伊吃得'乐胃'；大孃孃是苏州人，最爱吃豆沙包、八宝饭了。"一口一个"大孃孃"，那亲热劲……

印象梅陇

转眼间，一只热气腾腾的包子已端到盛定仙面前，"大孃孃"那华发满头、布满核桃壳般皱纹的脸笑得像盛开的菊花。吃完包子，盛定仙搬了个凳子，满是依恋地坐在"弟弟"刘鸿昌身边。盛定仙的左眼完全看不

"大孃孃"最爱吃豆沙包

见，以前生煤炉劈柴禾弄瞎了眼；右眼患有严重的白内障，是"弟弟"带她去医院做了手术，"现在看得见东西了"。

眼睛不好，耳朵挺灵，盛定仙知道笔者的来意，一手执着刘鸿昌的手，一手摩挲着老眼，目不转睛地凝视着笔者，好半天憋出一句话："想不到我能活这么久——没有这个弟弟，我早就死脱了！"说罢，那看不见的和看得见的眼睛一齐流下了浑浊的泪水。

"好了好了，大孃孃在家里一直很开心的。"刘春凤轻轻拭去大孃孃的眼泪，把话题引到今晚的电视节目上来。

盛定仙很喜欢看电视，她是1960年入党的老党员，特别关注时事政治和《新闻联播》。刘鸿昌的妻子，原在长宁区运输公司当驾驶员教练的黄顺英也是老党员，刘鸿昌说：我们家是两个共产党员领导我这个"革命群众"。

盛定仙也喜欢看滑稽戏和新版《西游记》，为了让姐姐"电视看得适意"，年前，一台55英寸的液晶大彩电搬进了盛定仙的房间。

刘鸿昌的家两居室，两个房间一般大，都是15平方米，刘鸿昌夫妇住一间，盛定仙住一间。刘鸿昌有点后悔，要不是钱不够，当时应该买个三居室，这不，现在女儿女婿外孙来家过夜，只能打

地铺。

可是，女儿女婿外孙睡在地铺上，都没有怨言。暑假里，小外孙住在外公外婆家，就睡在"姑婆"房间的地板上，盛定仙过意不去，唤小外孙上床睡，小外孙不肯，说，妈妈说的，小人睡在地板上怕啥啦？我睡相不好，会影响姑婆睡觉的。

刘鸿昌大女儿的女儿，从小耳闻目睹外公外婆对盛定仙的关爱，对"姑婆"也是倍儿亲。如今，这位大外孙女在美国读书，每次打来电话，总是先要跟姑婆说几句。盛定仙耳朵好，每一句问候都落在心里，她知道美国在地球的另一面，很远很远，但再远，有个孙女在关心她，她心里甜啊。

刘鸿昌的大女儿从美国回来，告诉爸妈，为了大嬢嬢的健康，不能给她吃得太甜，每天的甜食要有定量，炒菜少放点油……怎么办？怎样才能让家中的"老宝贝"吃得开心又健康？刘鸿昌动起了脑筋，买来了豆浆机，天天喝新鲜豆浆，且早点每天有变化；早餐吃得好，晚餐吃得少，请"姐姐"尝尝海带的味道……盛定仙也能适应"饮食变局"，甜的好吃，咸的也好吃，"弟弟"做的饭菜，她总说"特别好吃"，总是吃得津津有味。

"弟弟"做的饭菜特别好吃

刘鸿昌夫妇去北京旅游，照顾大嬢嬢的任务，义不容辞地落在刘春凤一家身上。刘春凤退休了，那些日子，她就住在大嬢嬢这里，她老公"妇唱夫随"，也天天从浦东的家里赶来"服侍大嬢嬢"。

感情，从同情开始

讲起与盛定仙的相识，精神矍铄、腰板硬朗的老刘，微眯着眼睛，轻轻的叙说像清亮的河水——

来上海植物园晨练的老人很多，由于会做"关节操"，老人里的"年轻人"刘鸿昌很惹人注目——大家都来拜师学艺，盛定仙是学生中的一员。一回生两回熟，刘鸿昌知道盛定仙是苏州东山人，18岁来到上海，在上海织袜一厂一直干到退休，丈夫已经去世，两口子没有生育，从乡下抱来的养女已结婚另住。盛定仙还有一个比她小两岁的弟弟，身体不大好……

刘鸿昌是江苏泰州人，两个互称"老刘""老盛"的老人，用苏北上海话和苏州上海话交流，倒也顺遂顺畅。

可有一个时期，刘鸿昌发现盛定仙神色黯然，一追问，说是养女病了。又一个时期，盛定仙没有露面，刘鸿昌感到不安，几经打探，终于找到了位于上中西路平福路的盛定仙的家。

登上五楼，好不容易敲开房门，盛定仙脸色灰暗、两眼红肿，痛苦地歪着头，告诉老刘：养女得了癌症，死了。

唯一的养女去世了，刘鸿昌一阵心惊，一阵哀怜：盛定仙成了真正的孤老！日后，日益衰老的盛定仙将由谁来照顾？又有谁来为她养老送终？

刘鸿昌坐不住了，他环顾这小小的房间：这哪里像一个家呀，四壁污迹斑斑，地板烂得不成样子，除了几件旧家具、一只半导体，家中别无长物；再看，床单脏了，盛定仙的衣服也脏了，厨房里没有饭也没有菜……

那晚，刘鸿昌怎么也睡不着，细心的黄顺英知道丈夫牵挂着盛定仙，一问，果然如此。刘鸿昌试探着问妻子：我们帮助一下她吧？"好啊。"想不到妻子一口答应。

一诺千金。第二天，刘鸿昌夫妇便骑着小三轮车来到盛定仙家。"阿姐，"刘鸿昌第一次改变了称呼，"女儿走了，你这里的环境也需要改变一下了。你看看，这一塌糊涂的，怎么过日子啊？"

盛定仙想说什么，但苦楚的痉挛使她一时无言，只能露出无助的苦笑。"这样，你先到我们家住几天，我们来把这屋搞搞干净。"刘鸿昌建议。"阿弟，"盛定仙也改变了称呼，"这怎么可以？你们年纪也不小了。""你看得起我这个阿弟，就听我的。"刘鸿昌二话不说，就替盛定仙收拾行李，又问她："你房门的钥匙交给我放心吗？"

看着一脸认真又一脸真诚地从天上掉下来的"阿弟"，盛定仙淌着眼泪轻轻地点了点头。

"好喽。"刘鸿昌一声招呼，黄顺英扶着盛定仙下楼，刘鸿昌一路欢笑，将苦命的"阿姐"带回了家。

家中已为盛定仙安了床，放好了干净的被褥与换洗的衣服。黄顺英帮盛定仙洗了热水澡，刘鸿昌一阵忙活，丰盛的午餐端上了桌，其中有盛定仙爱吃的糖醋排骨。

接下来，刘鸿昌夫妇开始了巨大的工程——虽说是"简单装修"，但盛定仙的屋子烂得实在不像样子，找来了泥水匠木匠，20多天，刘鸿昌天天扑在那里，换了浴缸和马桶，直到"旧貌换新颜"。

回到"眼睛一亮"的新屋，盛定仙拿钱给"弟弟"，被刘鸿昌断然拒绝："啥人要你的钞票！"

居住环境改变了，"姐姐"吃饭的问题还挂在"弟弟"的心里，送饭送菜，几乎成了刘鸿昌每天的功课。

日子就这样平静地过着。突然有一天，平静被打破了。那一天，天气不错，盛定仙慢慢地下了五楼，谁知，一条恶犬突然窜出来，盛定仙一慌神摔倒在地，腰摔伤了，手臂粉碎性骨折！

得知消息，刘鸿昌赶紧把盛定仙送进医院，女儿女婿也赶到医院陪护，但出院后问题来了：康复，没有一年半载是不行的，这段时间，盛定仙的生活谁来照顾？再说，没有电梯，她已爬不上五楼的老屋！

没有其他选择，盛定仙第二次住进"阿弟"的家。

在"阿弟"家里，照顾得好，自然不必说，但舒适，就难说了，毕竟，是一室户的房子，太挤了！对此，盛定仙始终"负疚在身"，终于在几个月后的一天，趁家里没人，她出门拦了一辆出租，来到亲弟弟的家，任凭刘鸿昌夫妇如何劝说，铁着心不回去。

没有办法，人都有尊严，"阿弟"只能尊重"阿姐"的选择，再说，那是她亲弟弟的家。刘鸿昌选择了经常地带些食品，上门问候。

可是有一次刘鸿昌"上门问候"时得知，盛定仙已被送到了长桥阳光养老院，原因是，盛定仙的弟弟也病了，病得不轻，家中实在无人照顾盛定仙。

刘鸿昌马上赶到养老院。那里，6个人一屋，盛定仙晚上睡不着觉，饭菜也"不对胃口"；更要命的是，养老院每月开销要2000元，盛定仙的退休金才1200元，这入不敷出，怎么维持？

听了"阿姐"的叙说，刘鸿昌心里很难过，胸中好像有一堆干柴在燃烧，他与妻子商量，把自己住的一室户置换成两室户，接"阿姐"回家！

采访到这里，笔者有个疑问：为什么不能将盛定仙的房子卖了加入"置换"？"这怎么可以？"黄顺英马上否定，"那是她的财产，她有继承人，她养女有个女儿；再说，他还有亲弟弟……""我们照顾她，是因为从同情到有了感情，决不要什么回报……"刘鸿昌善良的眼睛看着我，如一泓清水。

就这样，从2006年起，尽管有亲戚朋友的质疑甚至强烈反对，盛定仙还是成了刘鸿昌家里的正式成员。欣慰的是，刘鸿昌的三个子女都理解父母，没有血缘关系的"姐弟之爱"，就这样温暖着大家的心。

孤老有爱，爱在身边

盛定仙总算有了一个安定、宽敞、温煦的归宿。为了让"姐姐"安心养老，征得她的同意，看了不少地方，刘鸿昌为盛定仙购下漂亮墓地。刘鸿昌说，我现在有了责任，多了牵挂，我的责任，就是要让"姐姐"开开心心每一天！

为了让盛定仙开心，刘鸿昌花2600元买了一辆电动三轮车，气候适宜时，就扶她上车去兜风，公园看看花呀，老屋附近转一转呀。

为了让盛定仙开心，刘鸿昌空闲时间总与"姐姐"聊天，也叫女儿女婿跟"大孃孃"讲这个事，说那个事，"让她多动脑子多说话，就不会得老年痴呆症。"刘鸿昌说。

为了让盛定仙吃得好，睡得好，刘鸿昌带"姐姐"去医院装了

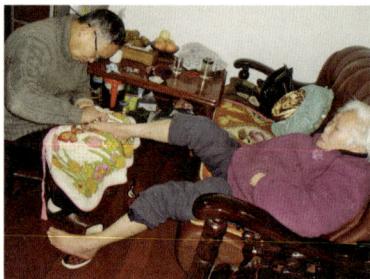

刘鸿昌为"姐姐"洗脚　　　　刘鸿昌夫妇（前、后）带"姐姐"出去玩

印象梅陇

义齿；自己动手、变着法子烧新鲜、好吃的菜，不吃剩菜；俯下身为"姐姐"洗脚、泡脚——弄得黄顺英醋意连连："老刘对姐姐的好，胜过我了！"刘鸿昌反问妻子："姐姐一直缺少家庭温暖，你缺吗？"

对"捡来的姐姐"是这样，对小区里的其他孤老，刘鸿昌也是古道热肠——谁病了，一声招呼，他的电动三轮马上出动；一位百岁老人买了个小西瓜，头一晕，坐在了地上，别人都不敢动，刘鸿昌却背起她就走……"你也70多岁了，怎么背得动人？"笔者问。"情况紧急，当时顾不了了，不知道自己还有这么大的劲；可事后，心脏怦怦怦地几乎跳出胸膛！"老刘说。

"好人老刘"装进了众邻居的心。刘鸿昌家对门住了位69岁没结过婚的孤老，年龄虽然还算轻，但心脏开过大刀，搭了桥，他郑重地把房门钥匙交给老刘，说："哪天上午我8点还不出来，麻烦你开门进来看看，也许我心脏病发作，动不了了。"

那一天，这位孤老要住院，又郑重地把多年积蓄的1.5万元现金交给老刘，关照："如果我病重付不了钱，麻烦你……"

采访中，邻居们说，老刘就是我们身边的雷锋。居委书记说，刘鸿昌的精神，就是雷锋精神；这样的精神如果能够发扬光大，我们的社会将变得更加和谐。

而老刘感到，邻居，特别是孤老们的信任对自己来说就是"责任"，就是"快乐"——每为需要帮助的人做一件好事，他都有凤愿以偿般的欢悦；这样的欢悦，伴随着刘鸿昌每一天的忙忙碌碌，每一天的幸福生活。

得翠园笑谈四十年

龙尚行

一早一晚，许多人爱来莘朱路上新建成的得翠园。

推了童车，或三五成群围湖急走的是高兴社区的居民；若有所思背手慢行的是行西村的村民。偶与他们交谈，便关不拢话匣子。

骑车每天同老伴来此的慕秀娟阿姨，爽朗健谈："吾是行西十一

得翠园

印象梅陇

队慕家埝人，北面的湖对岸，大树后面那栋老房子，是伲表姐的。再朝东走一根电线木杆，就是伲老宅。从大大开始，到伲生下来，到自己1974年结婚生囡，六十七年，勿曾离开过。老公是上门女婿，梅陇镇上的工人。两个儿子就在这里长大成亲。人民公社辰光，种1/3棉花、1/3水稻，其余便是蔬菜。格个辰光苦啊，1975年生老大，夜里到医院，白天还在出工，真叫一天勿曾休息。

"老公每月有几十元工资，所以不能预支。我做一年，除去分的稻米、菜油、河浜里的鱼、烧的硬柴稻柴、吃的菜，分红只有150元。但伲2000年退休，退休工资两千元。听政府的不会错。拆了旧的造美丽乡村，镇政府30幢18层公寓建起来，有伲3套房子，市价毛估估两三百万，从前伲农民想都不敢想。

"伲勿喜欢搓麻将，每天做健身操——佳木斯健身操。前两年一群大妈集体做，现在住远一点，就自己单个做。四个套路动作，也不需要看视频。已经做了四年，记得住。头一节是上肢动作，双臂向左、向右再向上。有音乐，伲买好了，每个动作都有名头。"

如果说慕秀娟阿姨讲出了行西村的四十年巨变，那么高兴社区居民严阿姨则体会十多年来的幸福感受。得翠园正式开放前，她和老伴就拖着购物车带了帐篷和行军桌椅进去逛。

那天早饭时，严阿姨向一直想换大房的老伴宣布："听着，咱家不搬三室一厅，因为这里空气越来越好了。"

夫妇俩拖着车，绕过文体中心，来到了这个生态绿化园。老两口在绿草如茵的草坪上插了遮阳伞，排开帆布桌椅，摆出休闲食品，撑起大蘑菇似的行军帐篷，来不及擦汗，老先生就迫不及待地弹起曼陀铃。叮咚悠扬的俄罗斯乐曲《山楂树》中，迎面吹来凉爽的风。水塘安静似镜，一只白鹭轻轻落下，漾开圈圈水波。海棠排排在风

得翠园

中摇曳，漫不经心摆放的怪石如羊似驼，仿佛吹一口仙气就会活起来。随着琴声，鹭鸟轻轻地离开浅滩，鼓翅而起，穿过绿地上方飞向东方密林，那正是以前的行西村委会。

一个晨跑的青年很礼貌地坐了下来，问道："老先生，这里过去是这样的吗？"

"过去这里是小规模工业区，几百家小工厂、小作坊。乡间河道成污水沟，倒过的马桶就靠晾在凉皮加工间、奶茶生产作坊门前。嗡嗡乱飞的苍蝇才离开粪坑，就落在麻辣烫的餐盘上……不是没人管，城管前脚查封，后脚又开。"

"什么时候开始变化？"

"2014 年底，政府下了大决心，广泛动员，农民搬离老家，能分到动迁房多套……我们看着挖泥成河堆坡移树造景，四年了，废墟终于成为美丽的公园。"

印象梅陇

"哇，怎么了解得这么清楚？"

"读书社退休的记者老贾、日本归侨老陈和我……跟踪一千五百多天，为梅陇'一带一路一线'摄影摄像，还不清楚？"

太阳照到头顶，老伴舒躺帐篷时，老先生已经悄悄地从百米外的超市买来了甜瓜、小笼包、冰淇淋。

严阿姨近来迷上了微信，刚才自拍的照片已经发给了孩子和朋友，大家问道："好漂亮的美景，去青岛度假了？"

严阿姨回答："哈，就在高兴社区百米外，新建的得翠园！"

养乌骨鸡的那些事儿

沈　健

说起我的家乡曹行，不少人都知道"二黑"。一黑是碳素，钢笔书写，所用的"浦光牌"碳素墨水就是曹行炭黑厂生产的；二黑就是乌骨鸡。"乌骨鸡之乡"非虚名，而医治妇女病的名贵中药乌鸡白凤丸就是以乌骨鸡为原料制成。20世纪90年代中期，曹行乡农家饲养乌骨鸡成了一条致富途径，大部分的家庭都经营此道。

跟着发哥走，致富不用愁

邓小平南方讲话之后，曹行作为农业大乡，乡政府鼓励村民发展畜牧业、养殖业，创收致富。于是，"北有梅陇种花，南有曹行养鸡"成了那个年代的代名词。

养乌骨鸡所需的雏鸡、药物包括饲养技术收购都需由副业公司操作进行，所以那时候副业公司可是个"好地方"，记得当时上海县电视台播的广告："想养鸡致富吗？请到曹行来，曹行副业公司总经理朱仁法，电话……"而当时电视剧《上海滩》正在热播，周润发的扮相和英雄气概使人深深折服。"朱仁法"的本地话读音和"周润发"差不多，于是"跟着发哥走，致富不用愁"就传开了。

养乌骨鸡挺环保

村民先从副业公司买来雏鸡，一般 2 元一只，50 平方米的农舍可以养 500 只鸡。为了达到规模效应，有村民养 1500—2000 只鸡的。鸡怕潮，小鸡入住之前先要到木材加工厂捡拾木屑，在房间铺上 2 厘米厚的木屑，分开放置水盆和饲料盆。雏鸡怕冷，需用 100 瓦灯泡在顶上照射，保持室内温度。

饲料是副业公司指定的大江饲料，因为该鸡饲料类似玉米粒，所以我们现在看到有人吃玉米，就开玩笑说吃大江饲料。为了给鸡增肥，村民到中药店低价收购即将过期的蜂王浆和大补膏给鸡吃。必须一个礼拜清理一次木屑，否则鸡粪便与木屑结合发酵产生氨气，鸡容易得病。村民将清理出来的粪便用蛇皮袋装好，倒在自留田里，田地会变得很肥，都用不着施化肥了。

"斗鸡"是天性

乌骨鸡从出生到售卖需要 90—100 天，而 40—50 天是它们的"青春期"。青春期总是叛逆的，这时，乌骨鸡们非常嗜血，好斗，经常用自己的喙去啄食同伴，搞得同伴出血、掉毛。于是，村民会对鸡们施以俗称"烫嘴巴"的刑罚，将铁块烧得滚烫，逐一将乌骨鸡的嘴从上面划过，听到"嘶"的一声，冒出一小股烟，这鸡就"乖乖"的了。刚受到刑罚打击的几天，鸡们有些挫折感，胃口也不太好，可是过两天又叽叽喳喳，活蹦乱跳了。通过"断喙"刑罚，减少了鸡的"啄癖"，鸡群中出现"脱毛鸡"、"秃头鸡"的情况越来越少。

儿盼鸡死，母怕鸡亡

20 世纪 90 年代中期，我上初中，需要补充营养，那时家家都不

乌骨鸡

富裕，都吃蔬菜，而每当养的乌骨鸡因病死掉之后，母亲就会将死鸡做成菜给我吃。所以那时，我总盼鸡们得病，快快死掉，那样我就可以改善"伙食"了。可是有一次，家中许多鸡受了风寒，因用药不及时，一下子死掉了几十只鸡。妈妈对我说："沈健，这下你开心了，可以一直吃乌骨鸡了。"我当然开心了，但我看到母亲伤心的眼神，我知道我亲爱的母亲是多么心疼死去的乌骨鸡啊。

邻里互助来卖鸡

买雏鸡的时候副业公司都有记录，所以三个月一到，副业公司下派的"收鸡老板"就会到村里询问是否可以卖鸡了。村宅道路狭窄，都是烂泥路，卡车开不进，运鸡的车辆只能停在仓库场地上。听到卡车的轰鸣声，随着一声叫唤"卖鸡喽"，邻里乡亲会主动聚到卖鸡的这户农家来，帮忙把鸡抓到笼子里，帮忙搬鸡笼称分量。"张老板，这个磅秤准不准？不要偷斤缺两哦，我家小囡前两天刚刚称过，50斤，让我磅磅看。"说话间邻家大婶已经将自家小孩放在磅秤上试秤了。与此同时男人们则帮忙将鸡笼放到人力车上，一人把龙

印象梅陇

头，两三个人在两边或后面推，一直推到仓库场地上装车。与老板结账后，卖鸡的东家给帮忙的邻居们发一圈烟，说些谢谢的话。大家谈谈这次养鸡的收入，聊聊养鸡的心得，然后各自散去。

锦江士林夜市记趣

龙尚青

虹梅南路沪闵路相交地，缓缓转动的亚洲第一摩天轮，夜来灯灿如环，下方暗处托出一排竖灯大字，这就是 2017 年火爆全上海的"锦江乐园士林夜市"。哈，各种美食集结啦！

2018 年 4 月 3 日起，士林夜市又增加了来自成都宽窄巷的四川美食。

宽窄巷就是宽巷子、窄巷子，起源于康熙五十七年（1718），当时清廷调动全川力量修成都，并且在城西建了满城，常驻八旗兵丁。大街（宽巷子）居满族文武官员，小胡同（窄巷子）则住满旗士兵，等级森严，汉人严禁入内。两巷平行相邻，遗留下来成为完整的古街道。

今天，宽窄巷是历史文化老成都"慢生活区"，汇聚街面民俗生活体验、宅院酒店、情景再现等业态的"院落式情景消费街区"。成都人图安逸，宽窄巷尤甚。巷子窄，相遇侧肩而过是缘分；巷子宽，东瞧西逛，信步闲情算福气。这种缘分和福气上海游客无法随意拥有。

好在现在进了士林夜市就能够看到，看官不妨慢慢逛着、吃着，

夜市

乡愁·乡音

尽情品味一番祖国宝岛和成都风情。

迎面眼前一亮，是去年吃过的台疯薯塔，一根长签插满颤动、姜黄的薯片，咖喱、麻辣随你所好，顷刻可得。于是店前站起了一排等吃客。路过的台湾小妹悄悄对笔者说："别看店小，双休日，这些铺位每夜都有上万元人民币的营业额！"

"跳动在空中的激情，飞跃在指间的美味。"吆喝连声中，花式印度飞饼，在自称是"阿飞正转"的宝岛小哥手中转开了婆罗多舞，姣美的姑娘情不自禁地丢了手中三色棉花糖，耍起娇："要，人家要嘛。"身边帅哥笑着打开支付宝。

几个莘庄来的川妹乡愁未泯，嚷着要看川剧变脸表演，直奔宽窄巷。刚到巷口，就被个粗嗓门阿姨拦下："变脸师傅回成都了，过些时再来，对面有变脸玩偶销售……"

"哎，阿姨，你不就是'达人秀'上得了三个'也丝'的那个，那个……来，幺妹子，快来拍，达人秀……"不待姑娘们喊"耶"，"嘭，嘭，嘭"三声闷响传来，她们又疯叫起来，"啊，三大炮！"

信步而去，见小川嫂柜里取出圆蛋般的糖丸，朝着古色古香的斜车狠命砸去，"嘭"一声，糖丸从大圆镲上弹起，接着"嘭，嘭"两下，从小一号的两个镲上接连弹起，直射在车斜板上，滚满了炒米粉后，落在餐盘中，三川妹恰好人手一丸，满足了浓浓的思乡情。

一股葱香，平圆锅上的多层饼被移靠到明火凹炉里靠了壁。"成都也有葱油饼？"笔者自言道，"是下江人，八年离乱中，把这美味带到抗战中的四川？"

"错倒起，错倒起！"一老者儒雅地纠正道："一错千把年，此乃军屯锅魁也！"

"喔，此话怎讲？"见我有疑，老先生摆开了龙门阵："当年武乡

印象梅陇

侯诸葛孔明，收了高徒姜维，屯军蜀中彭县，精兵秣马，要出祁山征讨篡汉的魏军司马……兵马未动，粮草当先。火头军厨下多能人，创此香、酥、脆之多层饼……要问端的，对面诸葛连弩，一弩二十箭……不妨一试……"

谁把音箱开大了，忘了请教老者"牙牙饭、长嘴茶壶"之典，随食客向"爱拼才会赢"歌声来处而去。

士林三条街，正牌蚵仔煎、绝地黑牛堡、法式可丽饼、台南担仔面、眷村牛肉面令人食指大动。胖胖的小厨师把猪蹄烤得油香扑鼻；笑吟吟的女孩端出一份民工小伙够饱的卤肉饭；富贵烤蚝红火熊熊，古法水煎包一份三只，尝韩国菜馅、台北肉鲜、彰化肉圆弹牙劲道……

"吃不下了，吃不下了……"听得小情侣你推我让，腿酸的笔者来到歇食桌边就座，要了份果茶，边饮边检查拍下的照片：57 个宝岛摊位，较去年多了 13 家。台湾酱油不远万里漂洋过海来上海，大肠套小肠翻山越岭到大陆敢与西安葫芦头一较高下。火焰鹞子牛，每隔几分钟真喷一阵火，泡菜臭豆腐是否与长沙火宫殿有意媲美？

40 多种成都美食，囊括宽窄巷独特风味，讲究的是卫生、干净，原汁原味。盆盛小吃，竟然空运原产地川椒、豆瓣、花椒；重油大煮，真还是麻辣咸鲜，老少皆宜，老四川小四川吃得硬是安逸。

宽窄巷风味由川来厨师傅掌勺，士林美食铺各店必有台岛主厨。

想提醒大家，夜市不收现金，除了扫二维码，就得去专售窗口购卡，二百元起一张卡，每店每柜均出票与客，用到秋凉市停，或者当夜收摊前可退余款。

我在梅陇人民公社当书记

沈贵宗

七一公社第一任团委书记

1949 年，我在上海县德成中学读书，我的老师是中共地下工作者，经常向我们传播革命思想，他的教学黑板上，正面为语文课的唐诗，反面则是"天就要亮了"……所以，当解放军进入上海时，我义不容辞地成为在龙华欢迎队伍的组织者和参与者，我向解放军送茶水，带头喊口号。

1950 年，我入了团，学校保送我们六名进步学生去军事干校学

作者青年团"服务证"

习。1952年，我入了党，担任了闵行区团委副书记。1958年，上海市第一个人民公社"七一人民公社"成立，我被任命为团委书记，年仅25岁。当时的办公地址是今日七宝老街附近的"老公社"景点。1959年冬，"上海县梅陇人民公社管理委员会"的牌子是我和周仲兴同志一起挂上去的，他被任命为公社社长，我被任命为公社党委书记。进入20世纪60年代，由于政策的失误，国民经济进入困难时期，我这个书记也无能为力。我和大家一样，一年忙到头，穷得叮当响；样样凭票证，肚子难填饱。

莫名背黑锅

1961年起，我从梅陇人民公社借调到龙华、华漕、马桥、颛桥、莘庄，担任过六个人民公社的党委书记和社长。1972年在华漕人民公社任职时，我突然成了"生活作风有问题"的嫌疑分子。那年秋

1959年冬，作者和周仲兴（左）
一起挂牌

挂牌时刻

天，上海县委举办公社领导成员会议，各公社男女干部住在一幢大楼里办学习班。晚上，女宿舍突然传来"呼唤"：有人闯入女宿舍图谋不轨！这时，男人们都出去看热闹，唯独我听力较差躺卧在床，睡得很死。就这样，"装聋作哑"的我成了"作案嫌疑分子"。

后来，领导认为我不宜当党委书记，被调到颛桥，分管农牧副业。农民们知道我的"生活作风问题"纯属捕风捉影，"男女关系"没有女方参与，实在是冤枉，纷纷为我抱不平。但在"文革"年代，我对这一切只能忍耐。这"无头案"背黑锅子的日子一直拖到中共十一届三中全会之后，我才真正平反。1979年，我恢复了原职，又回梅陇人民公社担任党委书记和社长。

打了翻身仗

赴任前，上海县委领导对我说："老沈同志，你要放下包袱大胆干，当年你的所谓生活问题都是'口口相传'，根本没有进过档案。"

来到梅陇，我听到这样的顺口溜："梅陇梅陇实在难弄，三夹三夹实在难夹。（农田粮棉庄稼与蔬菜夹种）"梅陇乡当年有一百多名农业干部，一年忙到头，仅仅吃过用过，有的还倒欠了粮油债，所以，有三分之一的干部想躺倒不干了。而当时，有些只种蔬菜的公社的收入，比梅陇的社员高很多。这年春天，我把梅陇三级农业干部会议放到产值较高的虹桥公社去开，虚心学习人家的蔬菜种植经验，同时发现粮棉田套种蔬菜并不会影响收成，相反地，只要田间管理得当，三种庄稼套种的年收成会超过蔬菜单一的收成。干部会议上，我首先喊出"梅陇梅陇力量无穷，三夹三夹潜力好挖"的口号，为农业干部鼓劲。与此同时，我们把多余的仓库、空房租借出去，又发展花卉业……这样，我来梅陇任职的八年，梅陇年产值从五六千万元到达一亿元。1987 年，上海县召开改革总结大会，认为梅陇的致富经验值得借鉴。这年年底，我被县组织部宣布为正处级的国家干部。

安居福利院

1988 年底，我被任命为上海县宗教民族事务局党委书记兼上海县接待办公室主任。1992 年 2 月 12 日，邓小平同志来到马桥旗忠村参观，此后的两年，我接待了全国两百多批慕名而来的参观团，忙得不亦乐乎。

我向来访者介绍了平坦水泥路旁，红花绿树丛中的农民集体出资盖建的房群，介绍了亚洲最大的网球场馆，介绍了马桥电缆厂因材料缺乏去全国各地收购废铜烂铁的创业故事。我对来访者说："我一不吸烟，二不喝酒，只用一颗真诚的心欢迎大家到旗忠村来；我不敬烟敬酒希望大家谅解。"外地参观团的领导干部们说："接待组的书记不沾烟酒真是少见，上海的干部了不起。"其中也包括大寨的党支部书记郭凤莲。

1993 年，我依依不舍地从忙碌的岗位上退休。后来，我与老伴杨丽华（曾是朱行乡政府文书，退休前一直在农业银行工作）一起搬进了闵行区社会福利院。可是 2009 年，与我风雨同舟几十年的老伴突发脑溢血而去！我们夫妻情深，她的突然病故令我万分伤心。我把她的遗物玉蝴蝶、玉佩件及各种项链悬挂在卧室的墙面上，寄托哀思。

从此，我对收藏各种造型玉石、太湖石、灵璧石有了兴趣，我加入闵行区收藏协会，经常与藏友们一起切磋经验，参加各种活动。此外，我还参加了老年大学声乐班，担任合唱班班长。每年的春节团拜会向老同志们献上几首红歌，使我十分开心。一曲"我们共产党人好比种子，人民好比土地……"是我常备的节目。

1979 年，作者（前排中）
恢复原职，又回梅陇

作者（前座右二）
与"藏友"合影

作者近影

印象梅陇

人文情怀

心底的那一抹星光

——追忆蒋星煜先生

杨建华

蒋星煜先生晚年居住在梅陇，至耄耋之年仍关心支持梅陇的人文建设。我因此有机会拜访蒋星煜先生，并结下一段至今未解的书印之缘。

初识蒋星煜先生是在 2012 年春日，当时镇里正在筹办一本面向社区群众的人文刊物（后刊物取名《人文梅陇》）。为了提高办刊质量，我们大力挖掘居住在梅陇的文化名人，而蒋星煜先生赫然在列，于是我决定登门拜访。蒋星煜先生不但健谈，而且幽默、风趣。寒暄之后即谈笑风生，一下子打消了我们心中的忐忑。于是，斗室之内海阔天空，风生水起。我顿时感慨：蒋星煜先生真乃性情中人。又想：或许正是这种快乐、年轻的"老顽童"心志使其虽历尽坎坷，却终成一代大家。

虽然只是一次短暂的邂逅，但我却从此记住了蒋星煜先生，记住了他的慈祥、睿智与豁达。让我喜出望外的是，蒋星煜先生从此也记住了我。几天之后，我就收到了蒋星煜先生托人送来的问候：

前蒙光临寒舍，带来无限温暖。从此蒋星煜先生便成了我的忘年交，更确切地说应该是我的良师益友。由于蒋星煜先生年迈和身体原因，我们此后更多的是通过书信交往。每有疑问，蒋星煜先生总不吝赐教。2015年3月，《人文梅陇丛书》第一辑由上海人民出版社出版。蒋星煜先生来信曰："出版一套书，彰显社区文化建设，乃英明决策。拙作列为其中之一，深感荣幸。"他还就引导社区居民读书、写书提出很多见解。蒋星煜先生认真、直率、谦逊、诲人不倦的人文情怀可见一斑。

蒋星煜先生治学严谨、厚积薄发。不但醉心于戏曲艺术，对书画艺术也是早有心得与见解，他25岁便完成了《颜鲁公之书学》（见蒋星煜文集一卷）的创作，让我汗颜。出于对蒋星煜先生的尊重，我曾冒昧地将拙作《京剧戏名印谱》送于蒋星煜先生，请蒋星煜先生指正。蒋星煜先生给我的回复是：虚怀若谷、海纳百川、守正创新、大动若静、方臻上乘。我知道：这既是蒋星煜先生对我的勉励，更是对我的鞭策。

蒋星煜先生得知我平时也喜欢舞文弄墨，便多次托人送书于我，其中既有《中国隐士与中国文化》等旧著，也有《文人风骨》、《梅陇漫录》等新作。每每阅读，总有裨益。2014年夏日，我和刘辛培老师就筹划出版《人文梅陇丛书》事宜再次到蒋星煜先生家中拜访，蒋星煜先生不但一口应允甘当丛书的"第一"作者，又送一本旧作《以戏代药》于我。这本书收录了蒋星煜先生关于戏曲的随笔173篇，以一些极具代表性的戏曲人物的原型和传说娓娓道来，折射剧目所反映的众生万象，不仅内容通俗易懂，而且极具学术参考价值，同时书名富有深意，我当即就有了把书名刻成一枚闲章送予蒋星煜先生以聊表敬意的想法。无奈，本人天生"懒散"，此事竟一拖再拖，以致成心头之憾。直到 2015 年 8 月，几易几稿后，"以戏代药"印章才终于治成。

以戏代药

2015 年 10 月中旬，我与《人文梅陇》编辑部的刘辛培老师相约重阳节一同看望蒋星煜先生，同时也想借机送上印章，给蒋星煜先生一个"惊喜"，不料被蒋星煜先生婉拒。更让我始料不及的是，蒋星煜先生竟在两个月后不辞而去。斯人已逝，心结却无解！唯一让我欣慰的是以蒋星煜先生名字命名的"蒋星煜读书社"在广大社区群众的参与下正办得红红火火。我知道那是蒋星煜先生留给梅陇的一道煜煜星光。

（原载《解放日报》2017 年 11 月 18 日）

音乐与舞蹈的魅力

——一个老年观众的回忆

蒋星煜

我曾多年从事戏曲工作，后来在大专院校讲授中国戏曲史，但作为观众，我对音乐舞蹈的兴趣超过了戏曲，感觉到音乐、舞蹈对我有着无穷无尽的魅力。

我的生活历程和音乐、舞蹈有密切的情缘。1941年，我20岁时到了重庆南温泉。那时候没有什么民族学院、大学，边疆学校就是兄弟民族的最高学府，正好设在这里。每有演出，我从不放弃观摩的机会，《巴安弦子舞》，演员同时弹、唱、舞，旋律优美，视觉上、听觉上都是美好的享受。

1944年，移居北碚温泉，又有机会常常欣赏陶行知先生创办的育才学校的演出。最最难忘的是舞蹈家吴晓邦往返延安途中经过重庆，特地在北碚举行一次专场演出，其风格比较独特，尤其是《网中人》，人在似纱似线的细密网中，翻腾跳跃，辗转挣扎，甚至十分痛苦的抽搐，震撼了我的心灵。据说吸收了某些日本舞蹈的技巧，那是带我进场的叶浅予夫人戴爱莲对我说的，我对这方面的学术问题了解甚少。

抗战后在南京，中华交响乐团每周演出一场，我听了两年多，始终没有入门。后来认识了在奥地利深造回来的管乐指挥家洪潘，他被任命为国民党政府的军乐学校教育长，学校主要任务为政治服务，他仍尽可能安排纯粹艺术性的公演，他指挥的施特劳斯《蓝色多瑙河》、勃拉姆斯《金与银》使我为之沉醉而入迷。

男声独唱听过斯义桂的《伏尔加船夫曲》，音色醇厚，节奏强劲。顷刻之间，我仿佛已置身伏尔加河上的船舱，随着河水的激流而困难地前进了。

女声独唱之中，我听过俞宜萱、郎毓琇专场。郎毓琇是大摄影家郎静山之女，她的独唱会办得很成功，严格地说，我听了一场又半。因为在举行独唱会的前夕，她希望我撰文介绍，特地让我和另外一位音乐界人士，先听她唱一次《饮酒歌》等最主要的四五个作品。我们当然却之不恭，遵命前往。这是十分意外的优遇，她发挥得淋漓尽致，我们听得出神了。我的评介文章难以表达我的感受，但从此我对女声独唱的兴趣更浓了，欣赏水平也随之提高。

当时的舞蹈演出极少，新疆的康巴尔汉（女）到南京、上海、杭州跑了一圈，我观看了几次。另有一位苗族中年人，姓石，业余客串了一场《鼓舞》，他的打鼓虽是一个人在打，却不仅节奏明快，而且仿佛那鼓不是静止的，而是有生命的，在行动的，他忽

陈爱莲舞蹈作品《春江花月夜》

重忽轻，忽左忽右，忽前忽后，忽喜忽怒，打出了千军万马的声势，真使我叹为观止。从此，我对"欢欣鼓舞"这句成语也有了较深的理解。

新中国成立以后，在文化行政工作岗位上，虽然主要是辅导戏剧、戏曲的创作、演出，但观摩的范围也包括了音乐、舞蹈，上海所有主要的国内外的音乐、舞蹈演出都有了欣赏的机会，有时去北京或其他大城市，当地有文艺演出，也把我安排在贵宾席上，作为接待项目之一。

其时，苏联乌娜诺娃的《天鹅湖》知名度极高，我当然也去观看了。我根据古诗中的"楚腰纤细掌中轻"以及关于汉代赵飞燕的记载，觉得早在汉代，中国已有类似"托举"等动作的"掌上之舞"，不过后来失传，没有发展成类似芭蕾的艺术形式罢了。改革开放，迎来音乐、舞蹈空前繁荣的局面。20 世纪 80 年代，精彩的演出，使人应接不暇，我有时也陷入难以选择的困境。

上海舞蹈家协会来了一位新的秘书长，名潘影帆（女），原是总政舞蹈家，转到地方后，在组织工作方面也展现高超能力，把郑拾风和我等许多人一下子都卷进了舞蹈评论家的队伍。

《丝路花雨》在一定程度上反映了盛唐时期的气象，我爱之甚深。舞协在巨鹿路 675 号举行大型座谈会，我被指定在赵丹、袁雪芬之后第三个发言，我主要结合盛唐时期中国与中亚、西亚各

《丝路花雨》海报

国文化上、宗教上的关系，对舞蹈的肢体语言提了一些看法，谈了二十几分钟。承蒙他们不弃，座谈会结束之后，《丝路花雨》剧组有好几位来找我交流。这是一个开始，从此，我融入舞蹈界有四五年之久。

上海舞协多次组织我与舞蹈家、音乐家之间的艺术对话，陈爱莲的《春江花月夜》是代表作，有次演出我发现较前有少许改动，表达的意境更为优美，我就对她说了。她说，大多数观众忽视了这一改动，而我发现了，她很开心。

1980年，刀美兰在沪举行个人专场舞蹈表演，我写了《刀美兰嬉水》一文，从哲学角度对《水》的艺术成就作了分析与欣赏。

2012年10月20日，中华文化促进会举行油画家梁进青《刀美兰之美》专题画展，刀美兰从云南来沪，邀请我参加展览会之揭幕典礼。

当时流行歌曲也异彩纷呈，我最喜欢苏小明的《军港之夜》，其他歌唱家唱这首歌，总觉得没有她唱得亲切。

承著名指挥家曹鹏先生相邀，曾三次聆听了他指挥的世界名曲，听的都是一整场。他的指挥艺术与敬业精神都属于第一流，我曾几次动笔写文颂扬，均因对交响乐懂得太少而中途搁笔，成为无法弥补的遗憾。

1997年，我漫游澳大利亚，三次到悉尼歌剧院，一次是聆听《蝴蝶夫人》，同时又仔细欣赏了那

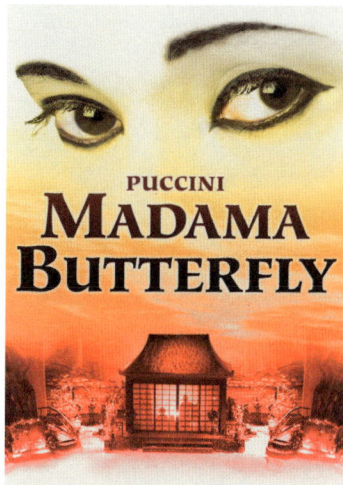

《蝴蝶夫人》海报

歌舞话剧《金大班的最后一夜》

座举世闻名的无顶无墙的弧形建筑及其内部的精致结构，乃是双重的美好享受。

82岁（2002年）以后，我已很少进剧场、音乐厅，但仍去看了一次白先勇原著、刘晓庆主演的《金大班最后的一夜》，虽然是话剧，但我想感受一下20世纪80年代百乐门舞厅的气氛。戏演得很好，可能编导对当时的生活了解不多，和当年的气氛仍有一定距离。

2005年以后，我住到远离市中心的梅陇，这里环境还好，树木多，空气新鲜，但更少进市区。梅陇休闲院有个退休人员组织的梅陇歌咏组，我是唯一只带耳朵而不唱的成员。写了一篇《梅陇休闲院听歌记》，居然被网上转载至美国、加拿大、澳大利亚，被歌咏组成员的海外友人看到了。这些成员对我很友好，我有一次身体不适，较长时间没有去听歌，三位女歌手一起来到我家里，分别为我无伴奏独唱了一首我爱听的歌曲，以示慰问。她们带给我的是一片真情，我很快康复了。

岁月不饶人，我毕竟年纪大了，90岁（2010年）以后，主要只能在家里看看、听听碟片了。2011年，梅陇镇文体中心邀我去听歌咏队的大合唱，主旋律的红歌、舞蹈以及抒情的作品我都有兴趣，都能给我以欢快和激情。

有些经历对艺术的欣赏起微妙作用。1953年，我去沈阳，大水冲坏了山海关那一段铁路，我取道四平兜了一个大圈子先到北京，

印象梅陇

中途在内蒙古境内的十多个小时全是一望无际的大草原，从此，我对歌曲《草原之夜》特别喜爱。

1986年深秋，我访问山西古代名刹普救寺，景色居然和《西厢记》中写的"碧云天，黄花地，西风紧，北雁南飞"一模一样，从此，我对《雁南飞》这首歌也有深厚的感情，百听不厌。

康健有无秘诀？我不知道。但听了音乐，看了舞蹈，都觉得精神上获得了营养。有时，心脏的跳动，还有呼吸，居然和音乐或舞蹈的节奏接近于同一频率，使人心旷神怡。我认为，这就是音乐、舞蹈的魅力所在。

春风何处来

小梅

在"四叶草"举办的首届中国国际进口博览会主会场空间，陈列着百余件艺术品，它们是从数千件作品中精挑细选而来，串联起空间动线中相当重要的节点，可以视为一部高度浓缩的中国当代艺术谱系展。

艺术陈设是会场空间的灵魂，率先亮相的两件进博会重要点位的大幅作品《春风又绿江南岸》与《绿水青山》，成为重要外交活动中的背景，获得大家的称赞。

《春风又绿江南岸》

"这是定格在历史中意味深长的一幕，上海国家会展中心迎宾大厅内，习近平主席笑迎八方宾朋，背后的巨幅图画《春风又绿江南岸》十分醒目——东方风来、关山点染、满目苍翠。"进博会上，迎宾厅内悬挂的巨幅国画《春风又绿江南岸》气势恢宏，给各国政要留下了深刻的印象。这是一幅水润灵动的春日江南图景：开阔的河道贯彻中边，于上下四方蔓延，从荡漾的水路远远望去，高低连亘的葱茏青山一层层推远。山水之中，可见白墙黛瓦，莺飞草长，渔人摇舟，万物浸在春天里，秀美的江南水乡尽收眼底。其实，这幅画与梅陇还有很深的渊源。

国画《春风又绿江南岸》尺幅达到 13 米 × 8 米，是上海画家有史以来创作的最大尺幅的青绿山水作品。由上海中国画院的四位画家陈琪、江宏、车鹏飞和汪家芳共同完成。从 2018 年 10 月 9 日接到任务准备方案开始，画家们马不停蹄。创意有了，可创作场地选址成了一大挑战，无论是场地环境、氛围、意境、交通、安保、后勤服务保障等任何一环节都会影响画作的顺利创作。创作团队经过认真遴选，最后梅陇镇曹行村观缘文化园成为不二之选。10 月 13 日晚上，四位画家合作落下第一笔。

从开始画到 10 月 23 日画作完成，再到 10 月 26 日画家们与观缘文化的装裱团队进入进博会主会场安装上墙，整个创作过程井然有序。

"这是上海画家的一次联手协作，代表了上海中国山水画的最高水准。"海上山水画大师——上海中国画院党总支部书记、副院长陈翔这样评价。《春风又绿江南岸》这幅进博会艺术陈列部分的"头号作品"，是城市精神、艺术精神与文化精神的共融，向世界展现了在传统文化的滋养下，生机勃发的中国气象。

《绿水青山》

由著名画家、上海油画雕塑院院长肖谷创作的大型油画《绿水青山》高 3.83 米，长 3.46 米，是在梅陇镇曹行村观缘文化园一间不足 30 平方米的工作室内完成的。全身心地投入持续创作了两个多月，直到 9 月中旬交稿之际，身为画家的肖谷突然间有了依依惜别的感觉，仿佛要送一个倾心培育、朝夕相处的孩子离家远赴家国召唤，又似乎为暂别充满温馨、和谐、愉悦却"为伊消得人憔悴"的画室而依恋。

江南喻为"中华民族灵魂的乡关"，不只是一块地域，也是一种精神文化意象，承载了人们安顿心灵的需求。《绿水青山》中所表现的是江南文化所蕴涵着的淡雅柔美、温馨灵巧和从容舒缓的无穷意味，是与江南文化相互映照的平和悠然的生态意象。肖谷将江南文化"文、雅、逸、静、幽、闲"的细节与传统文化中的天地观勾连，画出了浓郁的中国文化气息和文化自信。满屏可用一"翠"字形容，这不禁让人对应联想到梅陇500米外环绿带。有小桥流水的人文风情，也有碧树繁花的自然美景。

6个水木清华、看点迥异的公园，移步换景，各具特色。听翠园、得翠园、叠翠园、闻翠园、锦梅园、滴翠园，如同六颗明珠，串联起整条玉带。漫步陇间，呼吸自然空气，春申溯源，聆听历史文化，就如同在繁华的都市中注入一股清新的乡野之风，传递着原始、生态的自然理念。其意境实乃"青山绿水"的真实写照，这是时代的底蕴，是文化性格和气质完美的融合，是地区文化的精神家园，也是人民对于美好世界的共同追求。

作品的创作过程牵动着上海市领导的心，上海市委书记李强，副书记、市长应勇先后亲临闵行区梅陇镇曹行村观缘文化园画作创作现场给予关注、关心，并对创作环境氛围等表示充分肯定。

文化产业是城市新的经济增长点，文化产业不仅创造了巨大的增加值，还使传统产业有效升级，促进经济的生态发展。梅陇镇党委、政府，紧跟时代步伐，努力将村级经济朝着文化产业转型方向发展。位于澄建路600号的观缘文化园就是利用原有旧仓库、厂房，清退物流企业，转型升级为文化创意园，筑巢引凤，专注于为社会

观缘文化园

肖谷在创作

《绿水青山》

《春风又绿江南岸》

公众提供文化艺术交流策划制作，名家名画创作及装帧装裱，会展制作服务，展览展示服务的平台，也是情感交流的平台，文化交融共通共享的平台。正是得益于这样的平台，名家名画纷至沓来，让文化自信与自觉在梅陇得到了充分展现。

流光溢彩下的文艺之美

　　说起彩绘艺术玻璃，人们最先想到的便是教堂中一块块美轮美奂的玻璃窗，这种玻璃俗称教堂玻璃。教堂玻璃产生于中世纪的欧洲，文艺复兴以后在很多博物馆、美术馆和著名大厦的建筑里也经常出现，成为西方建筑装饰艺术的一大元素。近现代以来，也在许多民用建筑和娱乐文化地标中获得应用。

　　在梅陇镇景联路上，便有着一个神秘的"玻璃博物馆"——伟德艺术空间，这里收藏有百来幅精致优美的彩绘艺术玻璃。800多平方米的艺术空间由馆主旅法艺术家陈伟德"掌门"，合伙人彭阳日常经营。记者探访了伟德艺术空间，沉浸于如精灵般的一幅幅玻璃艺术作品中，聆听了彭阳为大家讲述艺术空间背后的故事。

　　在伟德艺术空间里，镇馆之宝是由19世纪法国彩绘玻璃大家梵蒂拉尔创作的一对彩窗，彩窗竖立在800平方米的艺术空间中部，伴随着午间洒下的点点阳光，更显色彩斑斓。中间两扇椭圆形窗，描绘了中世纪贵族的狩猎场景，展现出了贵族的服饰文化、兴趣爱好——狩猎、音乐、花卉……行云流水般的线条，呈现出久远年代的历史和文化记忆。

玻璃绘画作品《舞动的精灵》

　　说起彩色玻璃，彭阳介绍说，起先她也觉得很神秘，很喜欢，但却从未接触过。"我的父亲和母亲都是画家，我大学毕业后考上了公务员，但可能从小受他们的耳濡目染，'骨子'里有着对艺术的执着追求，我毅然辞去了稳定的工作，踏上了艺术之路。"一次机缘巧合，她结识了陈伟德，彩绘玻璃的美感一下子深深吸引了她，她决定拜他为师，从零开始学习这门技艺。

　　在玻璃上设计绘画和纸面上不同，每画一次要烧一次，坏了还要重新制作，往往晚上画稿子到很晚才休息。虽然辛苦，但对艺术具有追求的彭阳，与师傅陈伟德一起，坚守了 18 年。

　　除了接一些项目，养活工匠，其余时间都一门心思扑在彩绘镶嵌玻璃艺术的创作上。"忘却尘世的繁华喧嚣，坚持做一件事，精于钻研……其实，我们所做的，是一个'点'，希望这个'点'最终能带动一个面，让我们的美学教育更上一层楼，让彩色玻璃艺术能让更多人知晓与传播。"彭阳说，这也是伟德艺术空间一直坚持到现在的原因。

每每谈到彩绘镶嵌玻璃，彭阳便不知疲倦地为人普及相关知识，神采飞扬。将艺术玻璃做出"品牌"，上海文化广场、上海国际贵都大饭店、上海迪士尼乐园酒店等著名文化地标建筑的大厅里，展示的就是伟德艺术空间量身定制的玻璃艺术作品，让人叹为观止。

上海迪士尼乐园酒店里"喷泉式"艺术玻璃包柱和弧形立体顶灯，弯曲的线条，简单大气又不失绚丽，如开放式的自由空间。玻璃是硬的但要做出优美的弧度来，制作的时候就实验了多次，还制成了样品看效果，最终历时5个多月才完工。

上海国际贵都大酒店里的《荷花盛世》，以三幅长方形的竖状组图形式，原生态的绿色和褐色勾画出了生命的活力，水波粼粼之中，仿佛置身生态绿岛，增添了一抹经典时尚与自然尊享的视觉氛围。设计之初，酒店希望做成一整块玻璃绘品，但陈伟德实地查看后，认为分片立体的形式更契合建筑本身，尽管这样会导致绘品面积减少，从而影响工作室的经济收益，但体现了艺术美感。

上海文化广场的一幅《生命之源》，把艺术家丁绍光的作品以玻璃艺术的形式展现，配以逼真传神的色彩，带来了瑰丽神奇的视觉盛宴。

"美的东西需要传播，审美提升需要时间和耐心。我们还与社区合作，把文化自信带给社区居民。"彭阳介绍。

艺术空间原先坐落在老外街附近的创意园区，"顾客"基本上是一些艺术达人，亲民感不足。如今，工作室的艺术展示空间"移家"梅陇，生产制作车间"搬迁"到景联路的工厂园区。艺术空间毗邻燕南园小区，周边还有曹行幼儿园、观缘文化园等。为了贴近社区

上海文化广场的《生命之源》

群众，空间在靠近燕南园小区一侧，打通了围墙，种上了绿植，让空间成为居民挨得近看得见走得进的场馆。还与闵行区的国际学校以及曹行幼儿园开展互动交流，把玻璃背后的故事讲述给参观的老师和学生听，同时传播绘画艺术和建筑装饰的相关知识，与附近的设计师朋友经常往来，艺术空间成为艺术沙龙一样的好去处。

在永联文化生态园附近，伟德艺术空间还在景联路绿亮科创园的支持下，开设了一处工作室及玻璃制作车间，工作室内，三三两两的玻璃画师正在玻璃拷贝台上作画，有时候由于玻璃作品幅面大，趴在地上勾描一比一大小的施工图是常态。彩绘完成的作品可直接拿到旁边的玻璃窑炉烧制加工为成品。"浮躁的画师技工留不住，毕竟我们不是以经济为杠杆。"彭阳表示，"有的画师做了几个月就另谋其他高薪岗位，我不会拦着他们，因为，我更愿意把它传承给把

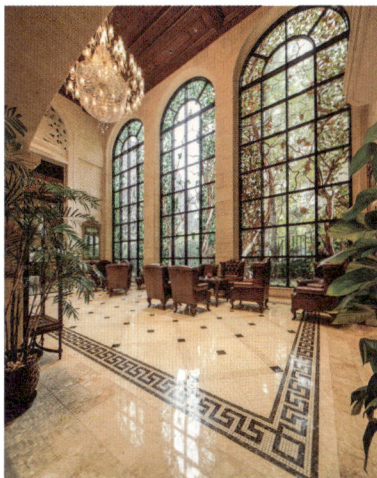

落地窗玻璃绘画

迪士尼乐园酒店

它看成人生事业的忠实'粉丝'。"

2019年，梅陇镇开展"人文行走、七彩梅陇"活动，社区居民已走进伟德艺术空间，感受玻璃的美感，增强文化自信。

春申语丝

北优南拓　双轮驱动

"北优南拓、双轮驱动"发展构想是对梅陇历届班子发展思路的继承和拓展。从原先提过的"强二快三"、到"3+5+1"发展布局，到最后提出"北优南拓"这个概念，是一个不断延伸和创新的过程。

北优南拓

"北优"，旨在借助北部城市化地区的发展优势和机遇，突出南方商务区、春申商务区、银都路新中心建设，提升以现代商务、商贸、金融等业态为代表的现代服务业发展能级，主动衔接"大虹桥功能区"。**"南拓"**，旨在加快各工业园区之间的资源整合、业态调整，促进制造业产业链向生产性服务业延伸，同时，加快南部地区城市化进程，扩大城市发展空间，主动融入"大紫竹"、"大滨江"规划中。

"双轮驱动"，就是坚持现代服务业和先进制造业共同驱动结构转型和经济发展。一方面要继续做强优势工业；另一方面要优先发展现代服务业和生产性服务业，做强服务经济，实现第二、第三产业融合发展。南北之间要根据条件、基础、区位不同，有所分工，北片要侧重于现代服务业的发展，南片要侧重于生产性服务业的发展。

　　"北优南拓、双轮驱动"战略既响应了闵行区委、区政府提出的"全面调结构，深度城市化"的工作主线，也结合了梅陇的实际；既考虑了空间布局，又兼顾了南北差异；既注重经济发展，也关注城市建设；既立足当前，又着眼长远。因此，把它作为梅陇未来发展的一个中长期战略是切实可行的。

　　　　　　　　　　　　　　（摘录于《情况通报》2011 年第 6 期）

印象梅陇

朝三暮四

梅陇镇正处在转型发展的重要时期，从今后几年的发展趋势来看，优势很多，机遇也很多，我们决不能因现在的暂时困难和工作瓶颈而干扰和影响我们的眼界和情绪。我们做工作，要懂得倾听老百姓的心声，理解老百姓的哭声，受得住老百姓的骂声。而做好这些工作的关键是要有

朝三暮四

精神，一个没有精神的人就是个空皮囊。精神首先表现在一个人的情绪，没有良好的情绪，没有好的心态，精神肯定不能振奋，进一步延伸来看，情绪为什么好？精神为什么好？这和我们的整体眼光有关。我们要学会运用整体的、发展的和联系的眼光去对事物进行研判，同时，要注重过程，改变方法。大家知道有一个成语叫"朝三暮四"，从成语的原意来看是指：耍手段、装傻、欺骗以及打不定主意，反复无常。在我们中间，有少数中层干部确实存在这种思想，但这个成语的背景故事是：有个玩猴子的人拿橡实喂猴子，他跟猴子说，早上给每个猴子三个橡子，晚上给四个，所有的猴子听了都急了；后来他又说，早上给四个，晚上给三个，所有的猴子就都高

兴了。其实"3+4"和"4+3"结果都是一样，但效果却不一样，这就是整体上的情绪关系。耍猴人通过方法的改变，在投入成本不变的情况下，改变了猴子的情绪。这个例子告诉我们，只有改变思路、改变方法，从整体着眼，从细微入手，调整我们的情绪，振奋我们的精神，才能够把事情做好。

（摘录于《情况通报》2012 年第 2 期）

印象梅陇

绳短莫怨井深

　　在日常工作中，我时常会听到一些干部在抱怨："现在基层工作不好做了，群众的需求多了，标准也高了，很难做到让群众满意。"细细琢磨，这样的观点好像有点"绳短"却怨"井深"的感觉。随着时代的发展，群众的生活水平逐步提高，在生活上有了新追求，文化上有了新

绳短莫怨井深

需求。与过去相比，群众工作"这口井"自然就变深了，与此同时，我们干部的工作能力、工作思路和服务群众的理念却没有及时更新，也就是"绳"不够长，如果不接绳、借绳、改绳，就永远吊不到水，永远做不好老百姓工作，自然无法获得群众的满意。其实，做基层工作不怕"绳短"，最怕望"井"兴叹的畏难情绪。基层干部身处一线，与群众关系最密切，"官"虽不大，但事务繁琐，责任不小。如果光望"井"兴叹，不思进取，不查找自己的不足，结果可想而知。要改变这个过程，一方面，我们要对老百姓的所求、所需及时给予回应，特别是有些来信、来访，只要用心去解答，就肯定能解决，不要让老百姓觉得有希望解决的事却是由于我们工作态度和工作方

法的缺失，导致这些事情变成无望甚至绝望的事情。另一方面，我们还要处理好工作要求与百姓需求之间的关系。我们不能突破政策法规，但我们可以突破工作常规，正确处理好政策规定与群众需要的关系，真正为老百姓办实事、办好事。

（摘录于《情况通报》2012 年第 2 期）

印象梅陇

放下与舍得

目前梅陇镇正处于"爬坡过坎"的阶段，跨越这个阶段必须具备三个要素：一要树立信心。没有信心、雄心、耐心的话，再好的项目都无法落实。转型发展不可能一蹴而就，要沉得住气，我们现在抓动迁腾地，抓考核模式的改变等，都是在为下一轮发展做铺垫，否则我们就走不远，这也是"爬坡过坎"必经的一个环节；二要学会"放下"。我们在站稳脚跟的同时要盘点分析，以前拥有的不一定非要一直拥有，暂时失去的不代表永远失去。在这个过程中，我们既不能失去信心，也不能患得患失，一定要学会"放下"，从理念上讲就是一个"舍与得"的把握，就如同鸡肋，食之无味、弃之可惜，但一些人却总也舍不得放下。为什么要"放下"，举一个例子：一位老先生乘高铁，上车的时候一不小心把一只鞋掉下去了，高铁已经开动，他不可能再下车去捡鞋，一只鞋穿着又不舒服，他就索性把脚上的这一只也扔下去了，他说："我扔下去的目的是为了成全别人，让捡到的人还能继续穿。"如果他当时没有"放下"，恐怕既不能成全别人，也于

厚道 宽心 舍得

己无益。老先生懂得"放下"、"舍得"的道理，但我们很多人未必能够这么豁达。这也是我们在"爬坡过坎"时碰到的问题。三要加快转型升级。在现有的产业的基础上如何升级是我们目前都要思考的问题。国内要打造中国经济升级版，梅陇更要着眼升级，要在稳增长中提高质量和效益，推进产业向中高端升级，实现进中求好。

（摘录于《情况通报》2013 年第 5 期）

印象梅陇

诗人的光环

　　记得有位哲人说过，再伟大的诗人，在他出生的第一刻，传递给这个世界第一个声音也是哭声，而不会是诗，只有通过不懈的努力，才会有诗人的光环。作为一名共产党员，我们都要牢记和珍惜共产党员的身份，这个身份来之不易。身份是什么？身份是一种责任，要凝聚群众、凝聚

无我

人心；身份是什么？身份是一种担当，要做到能够担事、担责、担难、担险；身份是什么？身份是一种义务，要做到组织忠诚、代表人民、廉洁奉公。身份是什么？身份是一种作风，要倾听基层群众的哭声、笑声和骂声，做群众的贴心人、知心人。身份是什么？身份是一种表率，要吃苦在前、享受在后、让利于民。身份是什么？身份是一种形象，要求真务实、拥有激情、为党旗添辉。身份是什么？身份是一种旗帜，是我们的目标、我们的方向、我们的精神。因此，作为一名共产党员，作为梅陇镇的一分子，大家都要担当起艰巨的任务，为完成梅陇今年的目标和各项指标而做出不懈的努力！

（摘录于《情况通报》2014 年第 9 期）

培育城市精神

城市精神是一座城市的灵魂，是一种文明素养和道德理想的综合反映，是一种意志品格与文化特色的精确提炼，是一种生活信念与人生境界的高度升华，是城市市民认同的精神价值与共同追求。一个城市的品质，不在于高楼，不在于繁华，而在于文化的底蕴，能否给人带来感官上的共鸣，产生归属感，从而为城市的发展献出力量。

人文梅陇

2012年，我们从传承历史、立足当下、面向未来的角度，确立了"人文、灿烂、卓越、和谐"的城市精神。"人文"的内涵就是9个字：关心人、尊重人、爱护人。"人文"是一种朴素的情怀，表达了人与人之间的包容和信任。梅陇要走得更远，需要文化力量的支持，需要核心价值观的引领，一个城市一个区域，存在的价值是什么？是人文精神，有了这种精神，才能形成关心人、尊重人、爱护人的社会风气。如果一个城市一个区域没有人文精神，那就是空城。如果我们的核心价值观，我们的文化事业，能坚持十年二十年，梅陇的人文精神，梅陇的文化力量，就会看得见摸得着。"灿烂"是一

印象梅陇

种精神状态，反映的是梅陇地区老百姓的精神状态和幸福指数高不高。我们在做工作的时候，一方面要有大视角、大规划、大手笔，另一方面还应该有甘于做小事、乐于做小事的服务精神，比如，积极引导市民群众广泛参与各项自治共治活动，让群众从点滴变化中真切感受到更多的获得感、幸福感和归属感，这样的文明城区才更真实，也更接地气。"卓越"，是一种追求。世界上没有完美，但是可以追求完美的境界。我们一路走来，完成了这么多重大项目工程，靠的是梅陇镇全体党员干部不懈奋斗的努力、坚韧不拔的毅力、追求卓越的精神、舍得担当的理念和敢于抉择的思维。从一次次不适应到习惯的过程中，造就了我们在工作上的精进。"和谐"，包括了人与自然、人与社会、人与人之间的和谐，平安和谐稳定的社会环境是梅陇发展的有力保障、是人民美好生活的基本需要。

"人文、灿烂、卓越、和谐"，这就是我们梅陇的精神！

（摘录于《情况通报》2014 年第 13 期）

泥泞的路才能留下脚印

深耕

对年轻干部来说做小事就是资本的积累，如果不愿意做小事，总觉得大材小用那很难做好事。唯有坚持从各种小事做起，在小事中积累经验，方能做得大事。和大家分享一个故事：鉴真和尚刚剃度皈依时，住持让他做了寺里谁也不愿意做的行脚僧。一天，日已三竿，鉴真依旧大睡不起。住持很奇怪，叫醒鉴真问为什么。鉴真说："穿破一堆芒鞋，就能做一个能光大佛法的名僧吗？我还是为庙里节省些芒鞋吧！"住持一听，明白了，说："你随我到寺后的路上走走吧。"寺后是黄土坡，昨天夜里下了一场大雨，路面泥泞不堪。走过之后，住持问："你能找到你刚才留下的脚印吗？"鉴真说："当然。"住持捻须一笑："你能否找到你昨天从这条路上走过的脚印？"鉴真十分不解地说："昨天没下雨，这路又坦又硬，小僧哪能留下脚印？"住持听了，拍着鉴真的肩说："只有泥泞的路才能留下脚印！"所以说，年轻干部要学会如何在困难面前要增加自己的信心和智慧，平坦的路上没有脚印，泥泞的路上都是脚印，要在生活和工作中学会

印象梅陇

珍惜种种挫折，因为困难和挫折都是可以让我们取得成功的"垫脚石"。

（摘录于《情况通报》2016 年第 7 期）

成长、成熟、成功

青年干部在人生道路上一定要处理好成长、成熟与成功之间的关系。每个人都会成长，但不是每个人都会成熟。成长不等同于成熟，成熟也不等于成功，但成熟是成功的前提。总之，成长是一种经历，成熟是人生阅历的积累和感悟，成功需要坚守与拼搏。

百年树人

学习是提高思考能力、增长阅历智慧的有效方式之一，也是一个人成长、成熟、成功的有效途径之一。2009 年 5 月，习近平同志在中央党校进修班暨专题研讨班开学典礼上曾指出，"领导干部要爱读书、读好书、善读书"。首先，要坚持学习与思考相统一。"学而不思则罔，思而不学则殆"，学思结合方能事半功倍。其次，要坚持学习与运用相结合，要把理论运用于实践以解决现实问题；第三，要用"锲而不舍、持之以恒"的态度去学习、去思考、去感悟。

"成熟的稻穗永远是弯腰的"。人的成熟是多方面的，大体分生理成熟、心理成熟、人格成熟、社会成熟等。谦虚是一个人成熟的重要标志。当一个人的受教育程度越高、修养越高、积累就会越多，内涵就越加丰富，所以就越加谦虚。不是每一次努力都有收获，但是每一次收获都必须经过努力。有时，不妨甘于做一个淡定低调之人，多一点平和心气，少一点浮躁骄傲，我相信我们都会在成长中成熟，并通过坚守与努力走向成功的彼岸！

（摘录于《情况通报》2017 年第 4 期）

善用"马太效应"

以静观为心法

自梅陇镇和曹行镇撤二并一成为新的梅陇镇以来，镇党委、政府把握住了梅陇的地域优势，以市政建设等重大工程为契机，加快转型发展。如何把这个地域优势进一步扩大，从而在经济发展、社会治理等各方面都有进一步提升，就需要我们学会善用"马太效应"。它指的是强者愈强、弱者愈弱的现象，反映的社会现象是两极分化，富者更富，穷者更穷。它的出处来自这样一个故事：一个国王远行前，交给三个仆人每人一锭银子，吩咐道："你们去做生意，等我回来时，再来见我。"国王回来时，第一个仆人说："主人，你交给我的一锭银子，我已赚了10锭。"于是，国王奖励他10座城邑。第二个仆人报告："主人，你给我的一锭银子，我已赚了5锭。"于是，国王奖励他5座城邑。第三仆人报告说："主人，你给我的1锭银子，我一直包在手帕里，怕丢失，一直没有拿出来。"于是，国王命令将第三个仆人的1锭银子赏给第一个仆人，说："凡是少的，就连他所有的，也要夺过来。凡是多的，还要给他，叫他多多益善。"这个故事告诉我们，从积极的方面来说，一个人只要努力让自己变强，就会在变强的过程中受到鼓舞，从而越来越强，这就是"马太效应"的正效果。从这个故事里，我们可以得到启发，同样是一锭银子，有的人能用钱生钱、创造财富，而有的人只能原地踏步、固步自封，这就产生了差距。这个投射到我们工作中也是一样的道理，银子其实就是各位手里可调动的综合资源，资源调配的不同效果即两极分化现象，只有善用"马太效应"，最大限度地发挥好梅陇的地域资源、优势资源，才能达成正向循环，全力破解发展中存在的瓶颈问题。

（摘录于《情况通报》2017 年第 5 期）

保持黄金心态

知足常乐
顺其自然

"心态决定状态，状态决定成败"。心态若改变，态度跟着改变；态度改变，习惯跟着改变；习惯改变，性格跟着改变；性格改变，人生就跟着改变。我们在生活和工作中要时刻保持黄金心态，也就是要坚持正能量，乐观地看待一切问题。思维观念的固执、僵化、墨守成规，是产生问题的根源。在这个过程中，人们的思想观念将起到决定性的作用。这个世界唯一不变的真理就是变化，任何优势都是暂时的。观念的改变并未改变事物本身，改变的只是对事物的认识，但观念可以改变人，人可以改变现实。

在梅陇的城市精神里面有"卓越"两个字，这个精神在当下来说就是"工匠精神"。每个人的一生中，无论是在生活上，还是工作上，或多或少都会遇到些许挫折，不可能一帆风顺。但是，在挫折面前千万不要气馁，也千万不要抱怨自己没有机会。避开挫折是生命的最佳选择，一旦躲避不了，那就让挫折成为自己人生中的养分，这也是生命的最佳选择。什么叫做成功？我们每天都能够感到安全、

印象梅陇

健康、快乐，那就是成功。保持黄金心态，我认为主要在于把握好"三个关键"：一是要将道德作为利益选择的坐标系，也就是做到守信、诚信、担当；二是要将奉献作为公与私的决策表；三是要将信仰作为辨别是非的纠错码。只要能在面对挫折和困难的时候把好这三个要素，就能让你的人生不偏离轨道。

（摘录于《情况通报》2017 年第 6 期）

建设"宜居、宜商、宜业"的梅陇

梅家弄

建设**"宜居、宜商、宜业"**的梅陇，这既是梅陇的发展目标，也是梅陇的发展定位。**"宜居"**指的就是要有良好的生态环境、城市功能和人文内涵。在人文方面要坚持关心人、爱护人、尊重人、以文化人；在教育方面要利用"蔷薇效应"推广优秀的教育方法和理念、支持优秀教育资源的发展和壮大；在养老方面要关爱老年人健康，将保健养老和医疗养老相融合，充分利用好老年医学中心的平台资源。**"宜商"**反映的是经济发展情况和老百姓的消费能力状况，就是要形成公平、诚信、法治的市场环境，使大家感到梅陇商机无限。当前，我们要正确处理好社会治理和经济发展关系，做到"两手抓"，这其中最关键的就是要摆脱惯性思维的束缚，正确理解矛盾转化，把握重点论和两点论的辩证统一，只有深刻理解其中的道理，才能把握前进的方向，做到因地制宜、因时制宜。**"宜业"**就是大力打造大众创业、万众创新的氛围和条件，使产业结构合理，梅陇老百姓充分就业、体面就业。同时，要牢牢抓住大滨江开发的历史机遇，为梅陇南部发展注入巨大力量。

（摘录于《情况通报》2017 年第 11 期）

眼界决定境界

旁观者清

"眼界决定境界"，说的是人生要追求高境界，就离不开开阔的眼界。伟大的事业需要崇高的境界，伟大的实践需要宽广的眼界。开阔眼界、提高境界，是当前摆在党员干部特别是领导干部面前一项重大而紧迫的任务。如何开阔眼界、提高境界？每个人都有视力，但不代表都具备很好的眼力，关键还是要多学习，多积累经验。在推进干事创业的过程中，党员干部要做到登高望远，才能行稳致远。如何理解"行稳致远"，我认为它代表着要认识规律、把握规律、读懂时代、认清社会，要做到这一点，需要我们具备"六个力"：一是眼力，也就是要多学习、多读书，才会有思想。二是有能力，要多实践，通过多岗位锻炼，不断提升各方面的本领。三是定力，定力是一种勇气，需要长期积累，要通过增强定力，不断提高自我净化、自我完善、自我革新的能力。四是耐力，也就是执着，要坚持锲而不舍、咬定青山不放松的精神，执着也是一种高尚的品德。五是活力，就是要坚定信念信仰，为梅陇改革发展增添新动力、新活力。六是魄力，底气决定着一个人的魄力和办事风格，底气足，则处事雷厉风行、果断有力。

（摘录于《情况通报》2017 年第 16 期）

读书、读人、读物

读书好比爬山，登得越高，望得越远。人们都说"书是进步的阶梯"，人一生的知识则会从书中所汲取。**读人**不是为了养眼，而是为了读智，我们可以从别人的言行、举止中，得到教诲。俗话说，"三人行必有我师焉"，"近朱者赤，近墨者黑"，等等。人同样也是一本"书"，看人如读书。**读物**一般讲的是境界。每当一个人看到一个精美绝伦的事物时，有时会发挥超乎自己的想象，有时会悟出智慧的启迪，有时还会得到情绪的升华。

心画

从读书联想到工作，告诉我们一个道理，就是我们的工作不能浮于表面，要透过现象看本质，寻找打开局面的钥匙。比如，我们的"创全"工作，当下老百姓的文化素养和文明程度还有所欠缺，有什么办法可以逐步改变这一现状呢？我认为要做到"三读"，"读书明事理、读人明情理、读物明天理"。要通过"三读"，做到有所思、有所悟、有所得。"纸上得来终觉浅，绝知此事要躬行"；"耳闻之不如目见之，目见之不如足践之"，说的就是这个道理。

（摘录于《情况通报》2017年第16期）

建设生态健康长寿镇

绿色，是梅陇的主打色。从生产到生活，离开了绿色，梅陇的面貌就失去了本色。梅陇正在建设的外环 500 米生态绿带，占地约 470 个足球场大小，并将全部种上树木；梅陇在"五违四必"整治过程中共拆除违章建筑约 7000 亩，其中，5000 亩还于绿化；梅陇的五大公园，现已绿树成荫，据数据显示，不讲中心城区，闵行区人均绿化率是 9.4%，徐汇区是 4.6%，梅陇镇是多少？22.5%！你说梅陇人幸福不幸福？

厚德载物

绿化改善了梅陇百姓的生活质量，长寿老人年年递增。百岁以上的老人，梅陇 5 年前有 6 位，现在是 21 位。为人民添福祉，不能光看这个地区的经济总量，还要看居住在这个地区百姓的健康与寿命。如果一个地区百姓的"健康寿命"优势突出，大致能说明这个地区"为人民服务"做到了位。

这又让我们思考：如何面对城市老年化？养老事业怎样才能更好地发展？我想着这个数字：居住在梅陇 80—99 岁的有约 7200 人，60—80 岁的有 3.2 万，如何把他们照顾好？他们的医疗保健，他们的衣食住行，他们的精神生活，还有什么问题亟待解决？这是镇党委、政府在"十四五""十五五"规划中要考虑的。

生态宜居绽放悠远乡韵，优美环境是梅陇最宝贵的财富，百姓期盼天蓝地绿、林木茂盛、鸟语花香、空气清新的美丽家园。虽然不同的邻里中心与客堂间的"颜值"不同，但人文情怀是梅陇"生态宜居"的主基调，文化生活是梅陇"健康养生"的必需品。

《人文梅陇丛书》到今年出版第四辑，一共13本书。我欣喜地看到，那么多梅陇人参与其中，写社会治理，写乡思乡情，写收藏爱好……他们的快乐，在"读书、爱书、写书"中，他们说，每个人都有视力，但不一定有眼力，眼力靠什么？靠阅读。阅读，不但改变人生态度，也促进健康长寿。

笑看今朝添百福，遐龄长寿祝期颐。建设"长寿镇"，不是很容易，但是要努力。

（摘录于2018年7月《人文梅陇丛书》第4辑新书发布会）

三张名片

近年来，梅陇镇致力于打造"党建""人文""生态"三张名片，这三张名片在梅陇社会发展中发挥了重要作用。

党建是引领。基层党建功夫不在墙上，应在墙外，群众的幸福度、获得感与满意度才是关键，才应是基层党组织的标杆。这就像是一个火车头，火车的驱动由车头带动。梅陇的人文和生态建设则是由党建来带动。近年来，梅陇完善了区域化党建格局，形成了党建联盟，积极探索以"责任具体化、党建项目化、述职规范化、监督常态化、整改公开化"的"五化一体"党建工作模式，夯实了城市基层党建的基础，推动了各项工作有效落实。在党建引领下，梅陇的党员干部和广大群众齐心协力，克服了很多困难，完成了虹梅南路高架、外环生态绿带等项目的腾地建设任务；配合建设轨交 15 号线；建成了浦西最长的南方空中连廊等。在这些项目实施的过程中，没有发生一例上访，这说明我们的后勤保障工作做到位了，检验出的是梅陇党建工作的组织力、执行力和牵引力。

一枝一叶总关情

人文是涵养。如果要让人文力量辐射到整个城区的每一个人，就需要文化的滋养。要让文化渗透到每个居民的涵养与修养中，就需要打造文化品牌。2015年，梅陇镇党委推出了《读书爱书写书五年行动计划》，与上海人民出版社合作每年编写出版3—5本《人文梅陇丛书》，并在上海书展上展出，内容涵盖核心价值观、历史文化和社会治理，在梅陇形成"党委政府搭台、社会力量参与、人民群众唱戏"的"读书、爱书、写书"模式。如今，丛书与《人文梅陇》杂志、《梅陇报》、人文梅陇微信号等文化元素有机融合在一起，组成了梅陇特有的文化名片。除此以外，梅陇还有文化客堂间、邻里中心、益梅小院等文化场所，以及正在打造的梅陇十大主题公园，涵盖了国防、民族英雄、宪法主题的游园知识，让梅陇人在游园时能汲取文化涵养。

　　生态是保障。近年来，梅陇腾出土地7000亩，5000亩用于绿化，建成人均绿地面积22.93平方米，人均公共绿地面积13.78平方米，水域面积1.22平方公里。老百姓期盼天蓝地绿、鸟语花香的生态环境，这是梅陇基层党建工作者的工作目标。环境的改善提高了梅陇老百姓的生活质量，长寿老人年年递增，梅陇5年前有百岁以上的老人6位，现在是21位。蔷薇小学，在上海市率先推出"家门口的好学校"教育理念，从十多年前的农民工子弟学校，到现在打造成一个家门口的好学校。美国记者弗利托曼经过一周的暗访，在美国的《纽约时报》发表了《打造家门口的好学校》一文，报道了梅陇的蔷薇小学。一个地区百姓的"健康寿命"和教育生态情况，大致能说明这个地区"为人民服务"是否做到了位。

　　在党建引领下，梅陇的人文更加灿烂、生态更加文明。今天的梅陇镇正在助推闵行区向着充满活力、高效便捷、环境优美、产城融合、社会和谐的生态宜居现代化主城区迈进。梅陇将深入推进"北优南拓、双轮驱动"的发展战略,践行"人文、灿烂、卓越、和谐"的城市精神,打造"宜居、宜商、宜业"的城市环境,促进经济社会人文高品质可持续发展。

(摘录于 2018 年 10 月东方网《基层党委书记访谈栏目》)

标准和标杆

照镜子

在推进工作中，"标杆"的作用至关重要。前几天我在走访企业的过程中反复思考"标准"和"标杆"两个词的关系，我认为做任何工作要讲标准，并在此基础上树立标杆。我们要学会正确看待标准和标杆的关系，在工作中有标准这是对的，但如果完全停留在标准上，说明我们的思想境界还不高。在一个区域中带好团队既要有标准化的平台，更要有标杆化的引领，为什么有些企业发展到一定程度就遇到了瓶颈，正是因为缺少了标杆，要想服务好企业，就要通过打造标杆企业来起到引领作用。同样，在干部队伍中，我们也需要树立"标杆"引领广大干部共同努力奋斗，梅陇镇倡导的好干部要符合**五个标准**：一是信念坚定；二是为民服务；三是勤政务实；四是敢于担当；五是清正廉洁。这就是我们需要努力的方向，在这个过程中也离不开在座各位代表的监督，相信通过我们的共同努力，梅陇的现在和未来将有完美的衔接。

（摘录于《情况通报》2019 年第 6 期）

印象梅陇

梅陇时评

"闯"与"创"的责任担当

阳春布德泽，万物生光辉。岁月像穿梭于河岸之间的小舟，一次一次地让我们来到新的起点——岁岁春来归，今年更不同，壬辰龙年开春之际，梅陇镇党委、政府提出了关于开展"创新创效"主题活动的实施意见。

如果说改革之初要突破的是思想"禁区"，那么今天的改革，就是要革除那些久改不革的积弊，推动那些久推不转的工作，拿出革故鼎新的锐气，永久奋斗的朝气，打破利益的樊笼，克服前进的阻力。

"实施意见"重点提出了"职责明确，责权对称"的问题，提出了基本消除"权大责小、有权无责、责任不清、责任盲区"的问题——这是一种政治责任感，因为，一旦个人卸去"责任"，社会便失去基石；责任是一种虔诚的、超功利的信仰，再平凡的岗位，也须付出全部热诚和努力。"政怠宦成"，绝不能让既往成绩遮住了视线，让既定格局缚住了手脚。

今年是邓小平南方讲话 20 周年，他当年提出的"闯的精神"、"冒的精神"，要有"一股子气呀、劲呀"，声声在耳。如今，面对新局面，我们梅陇不能机械沿用过去的做法，也不能陷于"兵来将挡"的临时应付，而要以前瞻眼光，努力寻找规律，积极创新制度。

万枝竞放催人急，雁去燕来促我忙；千金一刻莫虚度，休负春色与时光！

（原载《梅陇报》，2012 年 2 月）

敬老，用真诚去充实它

老人，是永不褪色的字眼，他们为社会奉献，为家庭奉献，是知识的宝库，是民族的魂。敬老月和重阳节来临之际，梅陇镇老龄委表彰了"孝亲敬老之星"、"敬老和谐家庭"和"阳光老人"，很温馨，很实在。

这些"星"与"家庭"，就在我们身边，观察他们每一个生活的细节，如同读一本好书——晨曦微露时读，正午艳阳时赏，月上枝头时看——榜样的力量很高大，也很平凡。因为，"为老人折枝，是不为也，非不能也"，很多事，我们都能做，也能做好。你看，梅陇的中小学里开展的为老人洗一次脚，捶一次背，梳一次头，做一顿饭……都是小事情，但只要用心去做，爷爷奶奶外公外婆们一定会眉开眼笑，倍感温馨。

教孩子这样做，孩子的父母更应该这样做。一位"孝亲之星"说了一句大实话："只有孝敬了自己的父母，才能得到子女的孝敬。"

如今的敬老爱老，应更多地表现在"精神赡养"上。有人以为，老人只要"吃穿不愁"就万事大吉；且不知，今天的老人，更需要关爱，更需要亲情，更需要生活方式的自主选择，更需要老有所乐与老有所为。子女们不要小觑了历经风霜的老树，它即使难绽新芽，其发达的根系依然充满力量。

"夫孝，天之经也，地之义也，民之行也。"有了孝德文化的嘉言懿行，社会和谐的基石就稳固了。

（原载《梅陇报》，2012 年 10 月）

"狼医生"的启示

在新近召开的梅陇镇党政干部暨党风廉政建设大会上，杨建华书记讲了一个"狼医生"的故事：慵懒的鹿群在"养尊处优"中浑身是病、濒临灭绝……它们的"死里逃生"，它们的"健壮如牛"，源于狼群的追逐。

这个很像寓言的哲理故事告诉我们，舒适伴随着厄运，如果我们缺少危机意识和竞争精神，就会失去生存与发展的能力。所以，"增强危机感"，是杨书记讲话的主题，而且，"精神懈怠、能力不足、脱离群众、消极腐败"四个危险仍然尖锐地摆在我们面前，如果我们再安享其成，不思进取，没有"狼来了"的紧迫感，我们"这群鹿"，也会越病越重，不治而亡。

我们还应该知道，"增强危机感"在每天的生活之中——一天不学习，思想走下坡；丢一分信念，掉一个高度；说一句假话，丢一分信任；抢一分小利，坠一层境界；争一寸虚名，掉一个陷阱……千里之堤，毁于蚁穴。

"清气澄余滓，杳然天界高。"境界的高度决定干部人格力量的大小。党政干部大会上一位位的发言，都是"清气"，能够澄滤精神的"余泽",引导我们走入"杳然"的境界——梅陇的发展,多么需要高尚的精神境界,多么需要执著的使命担当啊。

(原载《梅陇报》,2013 年 2 月)

印象梅陇

以德修身，砥砺品质

青春，蕴藏着蓬勃的生机，包含着无限的追求，凝聚着不竭的活力。人们欣喜地看到，梅陇镇一批又一批的青年逐渐成熟，茁壮成长——五四青年节到来之际，梅陇镇新一年的青年干部培训班开班了。这次培训班，将中国梦，将理想追求，将学习与实践作为主线，号召青年干部努力学习，以德修身，砥砺品质。

以德修身、以德服众、以德领才、以德润才、德才兼备一直是青年干部的培养方向。青年干部通过读书，不仅要知其然，更要知其所以然；不仅要了解传统美德的真谛，更要了解时代发展对道德提出的新要求；不仅要把握文明道德的普世价值，更要把握文明道德对一个青年干部提出的特殊旨意。

青年干部的"立德"，关键看其是否树立正确的世界观、事业观；关键看其是否忠诚党的事业，心系人民群众；关键看其是否愿意到复杂环境、关键岗位去锤炼作风，增长才干。

习近平同志说："少年有志，国家有望。"志气，不仅是一种顿悟、一种积累，更是一种境界。梅陇镇发展的新时期，需要青年干部"运用脑髓，放出眼光"，更需要青年干部把学习作为一种精神追求，做到"真学、真信、真懂、真用"，以自己的信念与激情，奋发向上，为实现中国梦而奋斗。

（原载《梅陇报》，2013 年 4 月）

印象梅陇

文化的力量

　　首届市民文化节、运动会暨第三届梅陇镇百姓才艺大赛近日拉开大幕。这次活动，群众积极性之高、参加人数之多、观赏节目之广，前所未有。"总有一款适合你"，让全年无休、"永不落幕"的文化节展示了梅陇独特的人文底蕴，也让市民从中发现了身边美好的人、感动的事，激发了广大梅陇人热爱家园、建设家园的热情。

　　"哪一座城镇，文化的元素越多，发展的潜力越大。"在城市的沧桑巨变中，文化的软实力，文化的力量，从来没有像现在这样受到重视。所以，在文化的发展上，梅陇人应该有特殊的使命感和自信自强的社会担当。你看，《和谐梅陇》、《人文梅陇》、"炫梅陇"——这些鲜活的律动，不是我们的文化风景、我们的情感写照吗？

　　群众对文化活动的渴求告诉我们，我们的各级管理部门，我们的企事业单位，都应该有一颗"文化的心"，有一股把文化事业干下去的勇气。希望我们每一个人，特别是领导干部，都能在文化强镇的进程中留下自己的足迹。

良好的开端是成功的一半。岁月无言，前行有声。让我们携手把梅陇文化的力量做强。

（原载《梅陇报》，2013 年 5 月）

印象梅陇

走出"路径依赖"

空前广泛的社会变革，给我们带来巨大活力，也带来复杂的矛盾和问题。解决问题，是机械沿用过去的做法，陷于"兵来将挡"的临时应付，还是以开放的心态，学一学别人的做法与长处？近日，梅陇镇组织三套班子成员、相关职能部门、各村、公司和部分居委负责人，分赴闵行区兄弟街、镇学习考察，主动请教先进经验，就是真抓实干作风的一次体现。

骏马能历险，犁田不如牛；坚车能载重，渡河不如舟。别人能做好的事情，自己未必能做好。要认识到，学以广才，将他人之经验，认真地研究、总结和运用，做到知行统一、为我所用，是我镇创新转型发展的一个必要过程。

比如，在"如何提高社区管理服务水平"的学习交流中，兄弟单位提出，越是敏感的地方与问题，越是需要领导干部去面对。领导干部是什么？是群众的领头人、主心骨。敏感问题面前，领头人、主心骨明哲保身，缺乏主见，缺乏立场，缺乏魄力，也是失职。

重任在肩、忧乐兼理的领导干部，如果面对世情变化而囿于习惯思维，就会有捉襟见肘的窘迫，还会犯刻舟求剑的错误。新知不够，视野不宽，已经成为我们能力不足的一大要因。所以，梅陇镇要"更上一层楼"，很需要克服"路径依赖"，很需要"启迪思想、碰出火花"，很需要"攻坚克难的勇气"！

（原载《梅陇报》，2013 年 6 月）

内化于心，外化于形

在最近召开的群众工作推进会上，梅陇镇党委书记杨建华对如何做好群众工作进行了阐述，其中的"内化于心，外化于形"反映了社会的期待，很有实践意义。

内化于心——群众在你心里是什么位置，一直是检验群众路线教育实践活动是否能取得成功的关键。检验，离不开群众的监督。群众心里有杆秤。党员干部在作风上是脱离群众还是一心为民，是弄虚作假还是求真务实，是以权谋私还是为政清廉，他们的一举一动，群众每日每时都看在眼里记在心里。

所以，以群众为镜，将群众满意不满意、答应不答应作为检验我们工作成败的标准，就决不能把群众的意见当耳边风，或者虚情假意、敷衍塞责。

外化于形——扎实组织、有序推进每一个环节，是确保群众工作提高实效、取信于民的可靠保证。"四风"问题积习已久，非痛下决心，难有实质性改观。问题是否真正解决，解决了多少，解决得好不好，成效显著不显著，群众洞若观火，感受最真切，评判最中肯。以此为价值取向，群众路线就有了方向，密切党群关系也有了正能量。

心、形合一，是一种作风，也是一种胆识。我们要做到解决问题"不空"、"不偏"，击中痛处、打在点上——"为官避事平生耻"，敢于坚持原则、勇于负责、不怕得罪人，是群众企盼的为政之德。

（原载《梅陇报》，2017 年 3 月）

为"三言"鼓掌

梅陇镇建立的代表（委员）服务日及"群言会"制度，是干群联系的双向平台，是机制化推进群众工作的极其重要的举措。正如镇党委书记杨建华所说的，只有当各类代表真正带着民意进行监督，并参与到各种重大事项的决策中来，才能真正体现代表（委员）们"为政策建言、为群众代言、为地区经济社会发展预言"的作用。

"建言、代言、预言"的过程，是代表、委员们扎实做好调查研究、与群众面对面交流的过程；是真正了解、把握群众需求，强化换位思考，把群众需求作为工作项目的过程；是推动政府决策，做到即说即行，即知即改，努力突破那些不太情愿、不太舒服、不太自在、甚至难堪的问题的过程；是构建回应型的良性互动机制，在我镇发展的实践中做到"上下配合、整体联动"的过程。

为什么有时我们做了工作，完成了急难险重的任务，群众会"不买账"？为什么有时群众的感受和我们的判断有差距？原因是我们没有完全掌握第一手资料，甚至于说出来的话，自己都不信，写出来的文章，自己都没感动，结果造成了台上"照本宣科"，台下"鸦雀无声"。

所以，"明者因时而变，知者随事而制"——今天，我们特别要为与我镇"接地气"的双向平台共存的"三言"鼓掌！

（原载《梅陇报》，2013 年 9 月）

印象梅陇

岁岁重阳，今又重阳

今年的重阳节，有着不同的色彩——不久前修订的《老年人权益保障法》强调，与老年人分开居住的家庭成员，应当经常看望或者问候老年人。

曾经的一曲《常回家看看》，唱得游子纠结而黯然，唱得空巢老人凄婉而喟叹。百善孝为先，常回家看看，帮妈妈刷刷筷子洗洗碗，给爸爸捶捶后背揉揉肩，与父母唠唠嗑，是多么朴素而必需的家庭温暖啊。

"常回家看看"入法，以法律推动亲情孝敬走进新时代，是法治精神的升华。众所周知，"笑口常开"是老人延年益寿的"秘方"，"常回家看看"恰是老人笑口常开的"原子核"。所以，"重阳节"来临之际，梅陇镇老龄工作委员会向全镇人民发出倡议："金秋敬老情——我陪父母过重阳"。

这个倡议好。因为，天下事不难于立法，难于法之必行。倡导性的立法，更接近道德训诫，"家庭法"要走出洁白的纸面，需要更多的力量。这力量是什么？是道德温情，是"父母在，不远游"的另类表述，是"孝悌"伦理的具体行为。

这股召唤力量，来得正义凛然。但以法治孝，规定再硬，也会遭受一些"软抵抗"，上了法庭，老人、儿女都很尴尬，即使老年人赢得了官司，也伤了感情。由是观之，梅陇镇建立闵行区首个涉老纠纷人民调解委员会，适当其时。

（原载《梅陇报》，2013 年 9 月）

暴雨后的思考

一场罕见的特大暴雨令整个上海出现严重积水，梅陇镇当然不会例外。我们看到，全镇及时启动应急预案，主要领导24小时坚守岗位；我们看到，镇领导冒雨蹚水在第一线……

急群众所急的坚守，是干部的担当。我们的干部，就是百姓的勤务员。百姓最讲实际，他们反感"干打雷不下雨"，厌烦"只有唱功没有做功"。干部身处一线，身处问题之中，吃一点苦，耐一点劳，为民解忧，为民排难，在"水漫金山"时更有必要；这时候采取的针对性措施，更能补齐工作中的"短板"。

暴雨中的温情固然宝贵，感动诚然必需，但不应该盖过思考。"和谐梅陇"，需要各个链条环节的和谐支持与配合，其中任何一个环节出了问题，都会传导至终端，最终影响到整个系统的和谐与稳定。对城镇管理者来说，记住"下水道是一个城市的良心"，很有必要。

虽然梅陇的下水道只是上海城市的一个支系，但我们的水务、建设等部门也应该着眼长远，认真梳理在未来的台风暴雨中，可能再一次出现的内涝、堤段出险等问题，尽快加以整改。政府其他部门也应该思考，当暴雨袭城等公共危机发生时，怎样调动一切可调动的人力、物资和手段，怎样借助短信、网络等传播平台，让不同的人群守望相助？

（原载《梅陇报》，2013 年 10 月）

印象梅陇

弘扬慈善文化

人们说，慈善源自人的本性，它是冬日里的一缕阳光，驱散了凛冽的寒霜；是久旱后的一场甘霖，滋润了龟裂的心田。而在梅陇镇 2014 年度扶贫帮困慈善基金募捐动员大会上，镇党委书记杨建华进一步提到了"弘扬慈善文化"的问题。

因为，一个有责任的民族的社会文化，应该包含善的力量和爱的品质。慈善促成于人的责任感，本性和责任合二为一，就是人性的向善。合二为一，才会有社会的和谐。

慈善文化是在创造一种社会责任；救助弱势群体，是承担社会责任的体现。现在的慈善事业为什么开展起来比较困难？一定程度上是因为人们的责任感在文化层面上没有得到突破，个体身上自觉的、善的东西没有完全发挥出来。

予人玫瑰，手有余香。在慈善文化蔚然成风的国家和地区，无论富人还是公众都认为，热心公益是自己有福，算不上是给予别人什么恩惠。就是这样一种文化理念，让无数的人在别人遇到困难时坚定地伸出援手。

慈善是一项没有尽头的事业，慈善文化的形成也非一朝一夕，需要一代人为此付出努力——期待具有中国特色的慈善文化尽早"破题"。

　　与此同时，政府要完善慈善监督机制，让捐赠者放心；广大群众也"勿以善小而不为"，共同呵护慈善文化这株幼苗的成长。

（原载《梅陇报》，2013 年 11 月）

印象梅陇

从"送文化"到"种文化"

为了满足梅陇百姓日益增强的文化需求，我们的文化部门曾采取了"送戏下乡"、"高雅艺术进社区"等办法；这样的办法虽然不错，但群众"身在其外"，文化活动的热情难以带动起来。而且，"送文化"是"输血"，是权宜之计，不能长久施行。

不久前闭幕的市民文化节，把一大批爱写、爱画、爱唱、爱说、爱跳的"民间艺人"推上舞台，让这些最活跃的"文化种子"在村民、居民中生根发芽，用"造血"的办法，让广大梅陇百姓在参与文化活动中获得无穷乐趣与精神享受。

不久前落户梅陇老厂房的触觉艺术馆，也是"种文化"之举，因为艺术馆在展示"专家艺术"的同时也展示"草根艺术"；与此同时，许多互动活动，能让普通百姓随意进入馆内的陶瓷绘制互动室、书画互动室，看看民间艺人如何创作——这样的互动加入现场教学元素后，"种文化"的效果就产生了。

艺术馆之于群众，不仅是陈列与呈现，更是演绎与熏陶。有一位居委干部说，艺术馆多了赌场就会少，好书多了口角就会少，文艺活动多了纠纷就会少……

是的，良好的文化环境能提升人的品质——而梅陇的发展，多么需要人文精神的集聚，多么需要"文化种子"的种植啊。

（原载《梅陇报》，2013 年 12 月）

印象梅陇

接通地气，依靠群众

　　随着社会的日益多样化，人们的需求也变得多元多样，单靠政府难以解决所有的社会难题，一些民生决策必须倾听百姓的意见，才能有更好的实施效果。梅陇发展中出现的很多新问题，都集中在社区，面对种种难题，越来越多的人认识到，需要建立一个新的机制来有序整合各方力量，把握好相关方的关键利益点。

　　这种"接通地气，依靠群众"的机制正在形成——闵行区率先成立的梅陇镇业委会主任联谊会理事会、物业经理联合会等兼具市场和社会志愿的民间组织，与各居民区党支部、居委会"四位一体"，已集合社区中的不同力量，确立主体之间的信任和互惠关系，在建设社区共识、推进社区共治中，解决了一些长期积累的结构性问题，盘活和利用了一些公共资源，取得了可喜的成果。

　　如今，"四位一体"的机制正在深化，其中的"发现机制"、"议事机制"、"评议机制"正通过信息公开，获取反馈，接受公众评价。

　　东风随春行，满枝发春华。社会管理的大树，离不开肥沃的土壤，城市基层细胞的社区，是这个土壤的重要构成。

（2014 年 4 月）

"党建项目"有答卷

怀着喜悦的心情，观看了"梅陇镇项目化党建工作三年成果展"。此宣传片，从不同角度展现了梅陇镇基层党组织的风采以及三年来项目化党建的成果——"党建项目化"，是创新基层党建工作的新探索，而我们很多单位，正把党建工作以项目的形式进行申报并验收考核，将党建的"软任务"变成"硬指标"，将服务的"软要求"变成"硬约束"，形成多个品牌工作模式和特色做法，从而使党组织"活起来"，党员"动起来"。

比如，镇综合党委按"谁立项，谁负责"原则，在项目实施中做到明确项目进度、明确责任人、明确时限要求、明确质量标准、明确预期目标——层层的"明确"与"分解"，专人、全程的跟踪指导，使"项目"能落地、开花又结果。

项目实施的过程亦是工作作风转变的过程。镇社保中心的一位党员说，我们说的每一句话，甚至每一个语气，都代表着政府的形象——面对白纸黑字的立项目标，我们感受到了继往开来的责任，感受到了与时俱进的分量。

党建，需要有分量的答卷。镇文体中心的一位党员说得好：我们的"项目答卷",一份留下来,让自己无愧于心;一份给社会,让群众为你打分;一份交给党,让党旗因你而添彩!

（原载《梅陇报》,2014 年 7 月）

百姓"救护神"

有这么一种车子，常常在身边呼啸而过；寒冷与温暖交织，无奈与希望同在；冲动与严谨，沟通与隔膜，多种情感在此碰撞。这就是救护车。

一直以来，梅陇由于没有救护站，120派到梅陇的救护车，都调配自吴泾、莘庄等周边乡镇，而生命的抢救，常常就在救护车行程的分分秒秒之间。

今天，"人口导入大镇"梅陇补掉了这个"短板"，闵行区医疗急救中心梅陇120急救站正式启用，除了随车的急救医生和担架员，救护车还配备了监护仪、除颤仪、氧气瓶、吸痰器、呼吸机、负压夹板等十八般兵器。至此，梅陇地区告别了急救"空白点"，从而紧紧地抓住了抢救急危重病人的黄金时间。

医院是生与死较量的战场，救护车是这个战场的前沿，救护员的步履永远匆匆，他们吃饭没定点，困了不能睡；面对生命，春夏秋冬都坚守阵地，但他们的工作，正是我们最需要的"民生"！

"民生"无小事，有钱花在刀刃上。感谢眼前一亮的梅陇120

急救站，它是梅陇镇今年的"实事工程"之一，它上演了现实版的"生死时速"，它是百姓离不开的"救护神"。

（原载《梅陇报》，2014 年 8 月）

"整改"开篇，"立制"见效

梅陇镇的党的群众路线教育实践活动走到了"整改落实、建章立制"的关键一步，这是整个活动的重中之重，因为，整改落实建章立制环节，关系到查摆的问题能否得到解决，做出的承诺能否得到兑现，取得的成效能否得到深化。

伐木当伐根，攻敌当攻坚。"四风"的根源有封建主义、官僚主义，也有形式主义、享乐主义，许多利益问题连筋带肉、盘根错节。所以，改作风不是一件简单的事，它须从思想的洗礼上开始，在制度的变革上见效。

我们欣喜地看到，由梅陇镇党委主要领导主持，研究制定了五类22条十分具体的整改措施，并强化了责任落实，明确了整治重点和进度时限——抓住要害，细化整改方案，对整改事项列出台账，制定时间表，落实责任人，使措施具体化，可操作。有了这些可行的具体方案，我们希望，有关部门能着力在"常"、"长"上下功夫——驰而不息抓整治，不见成效不罢休，努力将22条整改措施变成22个"群众满意工程"。

建章立制要科学合理，建章立制要敬终如始，建章立制要从严

印象梅陇

从实，建章立制要"医病"又"防病"。唯有如此，在梅陇镇教育实践活动中应运而生的"整改"与"立制"，才有脚踏实地的生命长度。

（原载《梅陇报》，2014 年 9 月）

"行动自觉" 更重要

"补了课、充了电，思想受到洗礼，灵魂受到触动"，这是梅陇镇党员干部在教育实践活动中的感慨。他们查摆问题，对照检查材料数易其稿，自我剖析触及痛处；互相批评，专题民主生活会充满辣味，脸红心跳揭短亮丑……党的群众路线教育实践活动，以达到预期目的和取得重大成果的实效在梅陇收尾。

"收尾"并非"收场"。活动虽已收官，下一步的"行动自觉"，应该成为工作新常态。镇党委书记、教育实践活动领导小组组长杨建华在总结大会上强调："全镇基层党组织和党员干部，要不断增强思想和行动自觉。"

"行动自觉"的重要，是因为在梅陇较为平稳的经济发展中，容易产生思想麻痹和精神懈怠。有的领导干部将转变工作作风视为务虚的"软任务"，不上心不用劲；有的畏难而退，见硬缩手，得过且过，失之于宽和软；有的患得患失，纠结于个人利益而回避矛盾。

而务实的为民服务，是一种责任，更是一种担当；在建章立制的框架内，"自觉意识"极其重要。在这里，需要对自己严要求——纪律更严明，工作更严谨，规矩更严格；让严以修身、严以用权、严以律己成为自己的修养与习惯。只有这样，教育实践活动带来的深远影响和重大意义，才能在梅陇的新发展中得以彰显。

（原载《梅陇报》，2014 年 10 月）

青年者，梅陇之希望

在为期三天的梅陇镇青年干部培训班上，梅陇镇党委副书记陶生用了两个"急需要"来表达镇党委对青年干部培养的殷殷之情：梅陇经济社会的发展，急需要更多眼界开阔、胸襟开阔的年轻干部，急需要更多有朝气、有正气的年轻干部——是的，要让梅陇的事业科学、健康、有序地成长，这样的青年干部太需要了！

然而，青年干部的成才难以一蹴而就，如何培养是个大课题。为此，镇党委书记杨建华特别提到了"勤奋学习"——唯有勤奋学习才能有所作为，只有善于阅读、静心思考，才能提高境界、开拓思维。

"勤奋学习"，首先为了锤炼信仰和道德力量，给自己以真定力；其次，面对如今不断出现的新趋势新要求，青年干部已经不能墨守成规！技到用时方恨少，解决"本领恐慌"，既要学习书本知识，解决视野不够宽阔的问题，也要向老同志虚心学习——学习他们精干务实、细致到位的工作作风，学习他们不畏困难、积极主动的工作精神。

本领有多大，天地有多宽。梅陇的发展，需要摈弃惰性、敢竞争、能超越的青年干部，需要视野开阔、知识复合、作风扎实的青年干部。在这方面，镇党委领导语重心长的嘱咐，给了青年干部实现理想与现实的激情碰撞，给了他们奋楫争先的大舞台——"青年者，国家之魂"；青年者，梅陇之希望。

（原载《梅陇报》，2014 年 11 月）

凝聚梅陇"精气神"

在最近召开的梅陇镇党代会的工作报告中，再次提到"提升干部精气神"。这个提法，符合梅陇新一轮发展的思想和实践。

天有三宝日月星，人有三宝精气神。一个人如果没有精气神，就会萎靡不振、不思进取；一个单位如果没有精气神，就会一盘散沙、死气沉沉；梅陇如果没有精气神，就会黯然失色、了无生机。

"精气神"，有着"人文梅陇"的文化内涵，有着梅陇人的精神特质——气可鼓而不可泄，面对运行模式上的差距，认识理念上的差距，我们要有坐不住、等不起的危机感，要有"海到无边天作岸，山登绝顶我为峰"的志向，在崭新的 2015 年，打一场"赶超跨越"的攻坚战。

我们高兴地看到，我镇 160 多名科级以上的领导干部，在学明白、想明白、说明白、做明白之后，在撰写学习心得及所学、所思、所悟之后，已将学习成果逐渐内化为自觉的价值追求。

一个部门领导干部的精神面貌，决定着这个部门的工作气象。梅陇要加快转型发展，需要各级干部鼓足"精气神"，拿出果敢勇毅，做出真功实劲，接地气、察实情，常到群众意见大、矛盾问题多的地方做功课，以充实"精气神"之内涵，将为民情怀内充乎胸，外化于行。

"仰不愧于天，俯不怍于人"，梅陇的领导干部，应该有这样的境界和追求。

（原载《梅陇报》，2014 年 12 月）

选出"公认"好干部

梅陇镇基层党组织的换届选举工作，经过组织准备、宣传发动、民主推荐、考察测评等阶段，将于近期进行正式选举——选出"公认"好干部，是梅陇镇党员群众在这次选举中的一致呼声。

"公认"好干部，须把"立言"与"立行"统一起来：求真务实，不尚空谈；公道正派，不徇私情；关心群众，不唯利是图。那些自命不凡、争名夺利、欺上瞒下、弄虚作假的人不会被群众"公认"。

"公认"好干部，在"任人唯贤、德才兼备"的原则下产生。民主推荐的干部，来自五湖四海，不分亲疏远近，做到"贤，虽仇不弃；不贤，虽亲不用"。选人划圈子，用人看关系，民主评议走过场、装样子是不行的。

"公认"，来自党员群众的判断力。每一个干部都生活、工作在群众当中，他们思想道德纯洁不纯洁，能力素质强不强，精神状态好不好，政绩突出不突出，大家的眼睛雪亮。搞形式主义、做表面文章的人必然不会被认可。

"公认"不是一般的街谈巷议，德才兼备也不是求全责备。对一

印象梅陇

个人要看本质、看主流，看他（她）有没有"干部一任、振兴一方"的工作干劲，有没有开拓进取、争创一流业绩的工作目标。

相信，通过"严守程序"的公推直选，全镇106家基层党组织的换届选举工作将会圆满完成。

（原载《梅陇报》，2014 年 12 月）

部门健身、基层强身

250 多万人口的闵行区，相当于一个中大型城市，如何对如此当量的区域实现有效管理？经科学论证，新近出炉了具体的解决方案，让部门健身、基层强身，将区级机关各条线部门社会管理（执法）力量下沉到街镇。

"下沉"，能让各类矛盾纠纷"第一时间掌握、第一时间处理、第一时间化解"，让政府的部门管理，成为服务基层群众的窗口，化解社会矛盾的前沿，创新社会管理的平台，锻炼基层干部的基地。

"下沉"，能"权责一致"，将一分部署，九分落实，善做善成，久久为功。因为，力量下沉，使机构设置、人员配置、经费保障得到落实——拿"大联动"来说，各职能部门的"下沉"，使其工作构架更加清晰，统筹力量更加完整，前端处置更加强化，服务职能更加彰显，从而能有力地维护百姓的利益和社会秩序。

部门健身、基层强身，增强了梅陇镇的执行力、创新力、公信力，将改变"思想认识和行动的反差，工作数字和实际效果的反差"，探索社会管理新途径，构建社会和谐大格局。

部门健身、基层强身，难以一蹴而就，须循序渐进、一步一个

印象梅陇

脚印地部署好组织人事工作。我们欣喜地看到，"下沉"到梅陇、属地化的领导班子已经"各就各位"——他们肩负着梅陇百姓的期望，将为梅陇的发展保驾护航。

（原载《梅陇报》，2014 年 12 月）

"新常态"催生新动力

转眼之间，2015 年已经来到面前。在辞旧迎新的梅陇镇人代会上，政府工作报告传递关键词：经济转型、优化空间、幸福指数、安居环境……梅陇，正主动适应"新常态"，交出百姓满意的答卷。

"新常态"告诉我们，梅陇的经济发展，已告别过去传统粗放的增长阶段，进入优结构、新动力、多挑战为主要特征的经济发展新阶段。

机遇青睐革故鼎新者。新常态之"新"，包含着对原有模式的取舍和革新；新常态之"常"，说的是相对稳定的发展状态，将在很长一段时间内保持不变。所以，"新常态"下，梅陇要积极面对增长速度换挡期，结构调整阵痛期，以新理念、新思维引领新发展，赢得新机遇。

改革者进，创新者强，改革创新者胜。"新常态"是春风，是动力，鞭策我们知难而上开拓进取，静水深流长远谋划——深化改革重惠基层，重置新型产业格局；突出群众受益、群众满意导向，增强群众信任度、满意度和幸福指数。

"功成不必在我"。回顾一年的政治磨砺，一年的发展探索，一年的为民实践，我们体会到：智慧做事，干在实处，梅陇需要干部的担当，人民群众的担当。每个人都担当起应该担当的责任，梅陇就会因你而带来积极改变。

（原载《梅陇报》，2015 年 1 月）

社区养老有新意

家家都有老人，人人都将变老，"银发浪潮"正以不可阻挡之势到来——这是每一个家庭面对的难题，也是整个社会面对的挑战。随着独生子女的父母陆续步入老年，很多家庭面临一对夫妇需赡养四位以上老人的局面，传统的居家养老方式已不能完全满足社会发展的需求。

在居家养老、社区养老和机构养老这三种养老模式中，由政府投资建设、社会组织管理运营的社区养老是一个有新意的民生之举。

说社区养老有新意，首先是因为它吸收了居家养老和机构养老的优点和可操作性，并将两者的最佳结合点放在老人们熟悉的社区。

有新意，还因为社区养老加入了智能平台软件和通信终端设备等现代化的服务设施，并在志愿者参与和市场运作下，向老人提供生活照料、医疗保健、精神慰藉、文化娱乐等服务，使他们既能享受家庭温暖，又能在"互帮互学"中感受同龄人的"认同"与快乐。

新意中，若能进一步提供"老有所学"、"老有所为"的机会，让老年学校这样的机构"进驻其中"，则更好。

印象梅陇

社区养老，是个"美丽新天地"，应该扶持它，完善它，使之成为政府长期规划引导、众人参与的社会工程。

（原载《梅陇报》，2015 年 4 月）

社会治理需要法治思维

为了创新社会治理，不久前梅陇镇成立了"民生法苑"，组建了三支基层法治建设队伍——"治理"与过去所熟悉的"管理"虽然只有一字之差，但其中却蕴含着重要的理念转变：治理，强调主体的多元参与，以改变政府解决社会问题的"单打独斗"及对社会事务的"控制理念"，使"控制"变为服务与协调。

这一转变，体现着政府的法治思维，即治理不是一套规章条例，也不是一种活动，而是一个过程；治理的建立不以支配为基础，而以调和为基础；治理同时涉及公、私领域，有赖于持续的相互作用。

运用法治思维解决社会矛盾，是政府部门的一项"基本功"，也是"必修课"；而在提高社会治理法治化水平的道路上，梅陇镇"60+30"的授课形式值得推崇——法治教育，使群众知晓如何自觉守法、遇事找法、解决问题靠法，进而使法治思维成为大家心中的价值准绳。

有了法治思维和价值准绳，那些"信访不信法"、"弃法转访"、"以访压法"以及多头访、越级访现象会逐渐消失，而梅陇镇的系统治理、依法治理、综合治理、源头治理水平将大阔步地前行。

法治思维，终将沉淀为人格。从这个意义上来说，法治思维的深入人心，亦是一次集体的人文召唤——新时代需要"道法自然"的社会治理。

（原载《梅陇报》，2015 年 4 月）

发展"众创空间"

　　发展"众创空间",是梅陇镇这些年来一直在做的事。"众创空间",是实实在在的新一轮的改革红利,它打破了"玻璃天花板"的体制性障碍,让每个有创新创业愿望的人都拥有自主创业的空间,让每个有梦想的人都拥有人生出彩的机会。

　　"众创空间"及应运而生的"企业孵化器",是帮助企业"做大"的平台。这是集聚性的平台、引领性的平台,在政府"一条龙"的服务下,它引资、引智、引技,带来先进生产力,激活创新创造潜力,是梅陇经济持续发展的新引擎。

　　"众创空间",需要与之适应的服务环境,需要努力做好投融资平台,用"互联网 +"的思维,积极探索"企业出题、政府立题、协同解题"的产学研合作,帮助企业以最低成本获取原材料,以最便捷方式找到合作伙伴,以最优方案找到融资途径和市场。

　　"众创空间",需要进一步利用各方资源,发挥政策聚集和互联互通的有效性,加大政策落实的力度,让所有的创业者,能用其志,得其力。

　　"众创空间",不但需要"闪亮登场、领衔主演",还需要"百舸争流、百花齐放"——这要求我们营造"人人可以创新，处处可见创新"的大环境，让各行各业的人才近者悦、远者慕；而政府部门，将从"裁判员"变成"服务员"——为"聪明人聚集起来"的梅陇科创园区服务，为"大众创业、万众创新"的宏伟事业服务。

（原载《梅陇报》，2015 年 6 月）

"书香梅陇"，踏实前行

"人文梅陇丛书"与大家见面了。这是梅陇文化建设的一件大事，在政府搭台下，"书香梅陇"吸引越来越多的市民参加读书与写作。这是社会之福、百姓之福，相信这样的势头能长盛不衰。

人为什么要读书？雨后春笋般出现在镇文体中心、居委会和企事业单位的读书会、读书小组有他们的见解：

"年寿有时而尽，如果饱食终日，无所用心，实是将自己沦为普通动物。"

"洗去铅华与功利，静心读点书，不再为旁人而左右自己的人文走向。"

"一书在手，世界在心；一书在手，海阔天空。"

"青春的流星只此一次划过生命的天际，与其感叹留不住岁月，何不通过读书写作，给明天留下一份积累？"

说得多好！是的，我们读书，我们也要写作，"人文梅陇"，需要我们留下自己的文字。

"以文化人"，也需要"以人化文"——文化设施，需要人去建设；文化作品，需要人去创造；文化遗产，需要人去保护和传承；

文化理念，需要人去推动；文化活动，需要人去组织……

　　写作，不拘一格。我们欢迎喷薄张力的"百姓语录"，也欢迎温婉动人的家庭故事。你的作品，平等地放在大家面前，字里行间，触动心弦就是喜欢，无法共鸣就是失败。失败不要紧，再读再写有平台——在"书香梅陇"的世界里，我们能踏实前行。

（原载《梅陇报》，2015 年 6 月）

创新为民，笃实为功

近日召开的梅陇镇四届人大九次会议，第一次安排履职优秀代表作述职报告。这样的述职形式，开辟了我镇人大工作的先河，使每位代表感到一份重大的责任和使命。

与此同时，细致的、"点名道姓"的"书面意见"也对所涉及的政府部门产生了巨大的倒逼压力，使他们感到，接受人大代表的监督，既是衡量工作的标尺，也是推进工作的动力，从而做到"实实在在解决问题，举一反三推进工作"。

梅陇镇人大的这一创新做法，有着坚实的法律依据。《代表法》明确了各级人大代表依法享有的权利，其中包括对政府的"质询"甚至"罢免"。

人大对政府的监督是保障人民当家作主的需要。所以，各级政府部门，必须找准角色定位，加强法治政府、服务政府、责任政府、效能政府建设，自觉接受人大监督。

我镇第一位向人代会述职的报告，也阐述了人大代表加强学习，不断提高自身素质的重要性；密切联系群众，关心群众的疾苦，反映群众的正确意见和要求，为群众排忧解难，发挥沟通政府和人民群众桥梁作用的必要性；合理安排，处理好本职工作与代表工作关系的可能性。

创新为民，笃实为功。相信，有着胸怀敬畏之心、戒惧之意的政府官员，有着心想群众利益、尽心尽力为民代言的人大代表，梅陇镇的各项工作能更上一层楼。

（原载《梅陇报》，2015 年 7 月）

为"书香梅陇"点赞

实现梦想，需要力量。这力量，既是物质的，也是文化的。以文化人，基本的途径是阅读。立身以立学为先，立学以阅读为本。一个人的阅读水平，决定着这个人的学习和创造能力；一个城镇的阅读传承，决定着这个城镇有没有持续发展的竞争力和软实力。

实际上，梅陇市民对阅读、写作，有着很大的需求，而满足这种需求，单纯凭借市场力量很难。因为，"平台"是一种社会公共产品，只有政府才是它的最佳提供者。政府通过资源配置、政策引导等手段为群众提供需求，提供平台，才能克服市场在公共文化建设方面的短板。

正因为如此，梅陇镇以党委、政府搭台，专业部门参与，普通群众唱戏的模式，在梅陇社区营造了"书香社会"——"人文梅陇丛书"的出版，适应了民众之心，使读书人、写书人有了自己的精神家园，发展天地。

我们倡导阅读要有形。有形，就是"其学必始于观书"，养成爱读书的习惯；有形，就是希望大家动手来写作，使"乐写作"成为一种精神活动；有形，就是要搭建、维护好公共文化平台，让读书、写作的文化传统在梅陇的土地上薪火相传、生生不息。

如今，"书香梅陇"已吸引越来越多的市民来参加读书与写作，这是社会之福、百姓之福，相信这样的势头能长盛不衰，释放出更大的建设梅陇的力量。

（原载《梅陇报》，2015 年 7 月）

可喜的"主动跨前一步"

晶城一居"错时上班、错时服务"的实施，体现了居委干部的为民情怀——居民有"呼"就有"应"，为群众排忧解难，做到"与居民零距离，把民生挂心上"。

为什么有的部门服务场所宽敞明亮，群众办事却不满意？因为这里没有细听群众的需求，没有主动解决问题而是"被动应付"，没有为群众提供便利而是平添麻烦。

主动为群众服务，首先要解决"思想不主动"，要发自内心地了解群众难处，体会群众的无奈和困难，有针对性地解决问题。而"小巷总理"面对的多是老百姓身边的琐碎事，日复一日不厌其烦地做好每一件小事，是居委会不断提高社区服务水平、更好地为居民服务的关键。

讲群众路线，必须把内心的触动转化为解决问题的实际行动；而"改作风、求实效、创实绩"，不是空话，要在解决实际问题中去检验。

作为居委干部，更应该知道辖区群众有什么需求。应该看到，与群众的需求相比，我们很多方面的工作还存在不尽如人意之处。

印象梅陇

因此，我们必须问计于民、问需于民——只要是群众提出的合理要求，就要及时解决；一时无法办到的，也要做好解释说明工作，从而"下情上达"，把群众需求作为政府工作的导向。

为了居民，"主动跨前一步"，晶城一居做得好。

（原载《梅陇报》，2015 年 8 月）

业态转型，必由之路

一个时期以来，各种类型的批发市场在给梅陇经济带来可观收益的同时，也带来了隐患丛生、结构分布不合理和无序发展等问题，比如，让周边居民无比头痛的"老大难问题市场"——西南市场就是如此。如今，梅陇镇下决心持续关闭这些低端市场，有着更深层次的考虑：如何创新社会治理？如何适应社会变迁新态势？

我们看到，低端批发市场汇集的客流量，给周边交通带来巨大的压力；大量外来人口无序的聚集，给城市安全带来现实的危险。然而，创新社会治理，还不仅仅是保一方平安，也不仅仅是维护好社会秩序，更重要的是要处理好政府、市场、社会三者之间的关系，在解决重大经济社会问题中发挥各自优势，建立起高效、快捷、低成本的社会运行机制。

社会变迁新态势，也是城镇化发展的新态势。梅陇的城乡一体化，已到了加速型、跨越式的发展阶段，而批发市场的低端属性和盲目性与梅陇的发展定位不符。用廉价劳动力和低端产品给市场和消费者带来红利的时代行将结束，新的前进方向，像是在下棋，需要冷静思考，需要看清楚下一步甚至是更远。

印象梅陇

业态转型，梅陇还有很大的结构变动弹性和发展空间，很多时候，亟待倒逼机制来促成转型升级。相信，在"有形之手"和"无形之手"的联合作用下，在领导层面的统筹规划下，梅陇的发展之路，能充满活力又和谐有序。

（原载《梅陇报》，2015 年 12 月）

鼓起"老鹰重生"的勇气

在 2016 年区域化党建论坛上，梅陇镇党委书记杨建华提到了"补短板、破瓶颈要有老鹰重生的勇气"——这是因为，短板，往往都是"硬骨头"，都是民生痛点和改革难点，干部的状态怎样、能力如何，至关重要——如果没有"老鹰重生"的勇气，面对艰难险阻，必将束手无策，无所作为。

鼓起勇气，既是扑下身子苦干实干的"体力活"，又是考验能力和智慧的"脑力活"。唯有正视短板之所以短的病灶，聚焦突出症结，深入问诊，拿出对症之方，补基础，补长远，才不至于补了东墙短西墙，今天补齐明天又塌陷。

鼓起勇气，既要有奋发有为的"精气神"，也要有能力提升的"硬实力"。如今，梅陇镇的许多干部，都不约而同或拿起书本，或深入调研，针对工作中的难点困惑，学知识，寻对策，体现了主动应对现实挑战、努力破解"本领恐慌"的自觉。

补短板，很多情况下的确需要政策，需要财政支持，但短板之所以短，冰冻三尺非一日之寒，非一时之温即能融冰。而要把"温度"不可逆转地升起来，就要找准突破口和利益平衡点，最大限度

印象梅陇

地凝聚各方智慧。

解题要有思路，攻坚要有利器——能力不会与生俱来，从天而降，只能在学习、实践、再学习、再实践的过程中得到历练，不断提升——这个过程，就是"老鹰重生"。

（原载《梅陇报》，2016 年 3 月）

区域党建有新意

随着政府职能的转变，非公有制经济的蓬勃发展，社区作用的不断凸显，以前以条条为主、垂直管理的组织形式，在各自系统内互不关联的"小循环"，如今已不合时宜。

顺势而为，梅陇镇的区域化党建，打破了传统体制，解决了上述羁绊，凝聚了各方力量，盘活了多方资源，党旗猎猎领发展——让更多的人在同一片蓝天下共享党组织的温暖，让三月的陇上春意盎然。

是的，三月的上海小雨如酥，春回大地；三月的小树生机盎然，翠艳欲滴；三月更是一个讲文明、树新风的季节——在梅陇镇区域党建联盟"3.5"公益嘉年华活动中，到处可见原来各自为政的区域党员志愿服务的身影。而在志愿服务的大军中，共产党员永远是一面最鲜亮的旗帜，他们的口号是：党员先锋为模范，雷锋精神驻心田。

三月花开助人乐。此次党员公益志愿者活动，通过驻区单位整合资源，有效提升了组织的服务功能，发挥了区域化党建的效能，为辖区党员提供了服务平台，使党员、群众共同融入"学雷锋"之氛围，从而为群众带来关怀与温情。

梅陇镇区域化党建的新意还在于党建与文化的融合——在社区培育"人文和谐"文化，在产业园区培育"创业创新"文化，在商圈楼宇培育"诚信守信"文化——以认同感的区域文化，增强党组织的亲和力和凝聚力。

（原载《梅陇报》，2016 年 3 月）

拆违之后

　　梅陇在拆违中，打了一个又一个硬仗。回顾艰难的"红都建材市场"拆违，三个月的攻坚战，之所以能打好、打胜、打彻底，离不开镇领导敢抓敢管、敢于碰硬、敢于负责以及不怕困难、不怕矛盾、不怕得罪人的工作作风，离不开他们清晰的政策界限以及以人为本、有情帮扶的细致工作，也离不开社会各界的支持以及强大的舆论环境。

　　"红都"告别历史舞台，是发展所需，民生所求，民心所向，但拆违治乱的追求，不仅仅是市容市貌的焕然一新，更多的是整个梅陇业态的升级，经济的提振，民生的高扬。所以，虽名之曰"拆"，实际上是先破后立，是保护、接续和提升，是城市治理的"升级版"。

　　城市让生活更美好，是人们对城市的理想愿望和追求。然而，并不是所有的城市都会让生活美好，只有高品质的城市，才让生活更美好。而"高品质"，就是要不断满足市民日益增长的物质和文化需求，让生活在这块土地的市民感受到周边环境的日趋优美，居住生活的日益便利。由此，放大到整个城市管理的链条，拆违治乱，行百里者半九十，只能算是走了一半的路，后面的路还很长，还有很多的工作要做。

好在，"一路一带一线，宜居宜商宜业"的蓝图已经绘制，"人文梅陇"的魅力和风采已经展现在眼前——我们大家一起努力吧！

（原载《梅陇报》，2016 年 5 月）

传承"红色精魂"

梅陇镇纪念建党 95 周年大会的主题是"传承红色精魂"——这个"精魂",就是先进性。先进性,是党安身立命的根本、国家兴旺发达的关键,而先进性,要靠千千万万的共产党员来体现。如果说,不怕牺牲、勇于战斗、冲锋在先是战争时期党员先进性的标准,那么习近平总书记提出的"四个能否",就是新时期党员先进性的标准。

"能否全心全意为人民服务"是思想基础。只有密切联系群众,时刻把群众的安危冷暖放在心上,先进性才有动力和活力。

"能否吃苦在前、享受在后"是具体体现。一名共产党员,面对工作的时候要走在群众前头,面对利益的时候要站在群众的后头,要做到"平时工作看得出来,关键时候站得出来"。

"能否勤奋工作、廉洁奉公"是职业道德。"吏不畏吾严而畏吾廉,民不服吾能而服吾公。"这个官箴,今天也有指导意义。

"能否为理想而奋不顾身去拼搏、去奋斗"是不懈追求。理想是精神的旗帜,我们梅陇镇的很多好党员、好干部,都是在实现理想中一步一个脚印——纪念会大屏幕上,展示了榜样的力量。

邓小平同志曾满怀深情地期望："几千万党员都合格，那将是一支多么伟大的力量。"党员的合格，是先进性的合格，是"大众楷模"的合格。

（原载《梅陇报》，2016 年 6 月）

"情与法"的选择

违章搭建是小区管理的一大顽疾，但小区拆违，被喻为"天下第一难"。因为，这项工作直接和老百姓打交道，直接触及了违建者的利益。有人说，别墅区违建太不应该，而老小区的不少居民属"夹心层"，买不起大房子，又"吃"不到廉租房，搭间小房子"改善一下"，不行吗？

回答是"不行"。因为既然搭建行为是违法的，就应该制止，而从另一个角度来看，小区中大部分住户没有违建，守法的吃亏，违法的得益，显然不公平。还有，如果搭四五个平方米可以，三四十平方米不可以，标准究竟是什么？

社会治理中常有"情与法"的选择。所以，坚持法律面前人人平等，才是社会长治久安之道。

很多违建，都是"你盖我也盖"，在"从众心理"下产生的。如果在拆违整治中做到公开、公平、公正，大多数房主也会说："别家拆，我家也拆，没闲话讲！"所以，社区干部只有一身正气，公平公正不徇私，群众才会主动纠错。

群众有意见，要看什么样的意见。如果违反了"四必拆"原则，你的意见就是歪理；而对于少数确实生活困难，拆违将严重影响其生活的居民，则采用充分告知，在取得有关方面同意的基础上给予缓拆。

相信，在"情与法"中，老百姓会有正确的选择。

（原载《梅陇报》，2016 年 7 月）

认识"尊严教育"

梅陇镇读书节活动之"人文梅陇微论坛"请来了童世骏教授，这位集社会学家、哲学家、教育学家于一身的著名学者，在梅陇，第一次讲到令人深思的"尊严教育"。

尊严教育是"平等的教育"。尊严以平等而不是等级、特权为核心内涵。以为人际关系不是以我为主就是以你为主，以为一个人不是做主子就只能做奴才，以为只有在一个前呼后拥、前倨后恭的人群当中，才算得上有尊严，那是对尊严的误读。

尊严教育也是"权利的教育"。维护基本权利是确保人的尊严的外在条件——若没有蔷薇小学为外来务工人员子女提供基础教育，那些孩子的尊严，他们家庭的尊严，就无法充分实现。

尊严教育又是"责任的教育"。学会遵纪守法，学会承担责任，使孩子逐步形成有尊严的成熟人格。从"责任与尊严"引申到"爱岗敬业"——这是一种完美的状态，但如果有人"敬业不爱岗"呢？

在我们的集体中，不是每个人都能有称心如意的岗位，在不如意的岗位上克服个人偏好，理解集体目标，认认真真地负起责任，就是一个人的尊严。同时，领导应尽可能从岗位设置、人员安排和工作条件的创造上，让这些人在敬业时也能够爱岗，从而把幸福和尊严统一起来。

有尊严，才有秩序；有尊严，才有幸福。

（原载《梅陇报》，2016 年 7 月）

读《馨远梅家弄》

第二辑《人文梅陇丛书》与读者见面了。读者在阅读了《馨远梅家弄》之后，感受最深的是书中浓浓的人文情怀。78篇文章、78个动人故事组成的《馨远梅家弄》，之所以能"香飘千里"，是因为有梅陇社会治理中践行社会主义核心价值观所表现的人文情怀。

对今天的梅陇人来说，更多的焦虑不是来自物质层面，社会领域表现出来的精神贫乏才是更大的困扰。经济贫，国家则弱；道德差，民族则劣。而要繁荣发展先进文化，弘扬人文精神是文化建设的重中之重。

人文精神，是文化的思想凝结，体现着一个社会评判是非曲直的价值标准，需要形成最大公约数的价值认同。《馨远梅家弄》虽然讲的是百姓故事，但故事中有梅陇的文化沉淀——社会个体成员如何做人做事，怎样对待社会，怎么与他人相处——这些既与道德伦理有关，又体现着世界观意义上的人生态度。

个体成员有了规范的价值认同，社会共同体才能协调运转起来，"和谐梅陇"才能内化入心，在大家的精神世界里日用而不觉，信守而不疑，践行而不惑。文化建设的社会效益相当程度上比经济效益

印象梅陇

更为重要，而社会效益最集中的表现是人文精神的培育和践行。

徒法不足以自行。由此看来，《馨远梅家弄》既有创造文化产品的有形价值，也有塑造梅陇精神的无形价值。

（原载《梅陇报》，2016 年 8 月）

业委会走进"互联网+"时代

业主委员会在维护业主权益、协调社区矛盾、实现社区公共利益等方面能发挥积极作用，是社区自下而上的、真正意义上的自治组织和动力。但业委会没有现成的规章可循，对于缺乏公共意识和组织能力的业主来说，业委会的组建和运行相当艰难，也不可避免地存在着各类问题和困境，如业委会成立难，其职权责划分不清晰，业主参与程度不高等等。

面对这些问题，面对信息不对称和不透明，绿地春申花园小区克服困难，层层推进，开通微信公众号，让越来越多的业主参与小区事务管理，走出了一条用"互联网+"的方式，及时回应业主关切，调节利益关系，化解社会矛盾的成功的新路子。

成功自有成功的道理。因为微信的传播，可以不受时间、地点、人员数量的限制，而业主们表达各自的利益和诉求也可以随时随地。对政府部门来说，"互联网+群众路线"，能完善社会舆情监测系统，拓宽信访渠道，降低行政成本，提高公共服务水平。

对业委会来说，及时以微信公开资金来源及使用情况，提高了工作的透明度，回应了业主的关切，获得了业主的信任。

印象梅陇

司马光有言:"平而后清,清而后明。"清明太平,是为政之要,也是社会治理之要——梅陇镇的业委会走进"互联网+"时代,是个好事。

（原载《梅陇报》,2016 年 9 月）

阔步向前谋新篇

"新旧有代谢，往来成古今。"梅陇镇党委的换届，是以政治交接为核心内容的一项重要的组织工作，具有承前启后的历史作用。

这次镇党委换届，在"加快转型发展"的关键时期进行，我们既要充分利用战略机遇期的有利条件，实现梅陇"十三五"规划提出的经济社会发展的战略目标，又要妥善处理新形势下面临的深层次矛盾和问题。要知道，这一时期，坚持以人为本，推进社会事业的任务很重，创新社会治理，加强基层建设的任务很重，探索党建创新，提升党建水平的任务很重，补短板、破瓶颈，做实民生工程的任务也很重。

任务重，干部的作用非同寻常。应该看到，当前干部思想状况活跃而复杂，各种情绪纷繁交织——既有改革促进发展的主动认识，又有发展倒逼改革的被动心态；既有接受换届挑选和改革考验的思想准备，又有因改革触及现有利益格局刚性部分的不适应心理。

怎么办？从政绩看德才，凭德才用干部。除了要求我们把政治坚定、能力突出、作风过硬、群众信任、善于领导科学发展的优秀干部选拔到领导岗位上来，还要求我们有一支求真务实、开拓创新、勤政廉政、团结协调、朝气蓬勃、奋发有为的党员队伍。

　　事贵善始。过去的五年，梅陇交出了满意的答卷；相信，新一届镇党委能带领全镇人民取得更优异的成绩。

（原载《梅陇报》，2016 年 9 月）

突破原有思维模式

在梅陇镇2017年工作务虚会上，镇党委书记杨建华提出了"突破原有思维模式"——因为，蔽塞、自满和落后的思维方式已经制约了梅陇的发展，而"转型"，就是要突破和摒弃原有的框架和边界——这个过程，对我们来说，是一种蜕变，也是一种成长。

我们做事情，大都循着自己长期形成的套路走过来，而很少去想，从这一点到那一点是不是只有这条路可走，有没有更好的路？或者，工作方法能不能重新整合？能不能尝试对某个套路的某个环节进行分解、剖析，看看有没有创新的突破点？

"因循苟且逸豫而无为，可以侥幸一时，而不可以旷日持久。"思维模式的改变，首先要突破自己，不惟守常规，对习以为常的事情报以怀疑的眼光；要知道，当今世界唯一不变的，就是变化。

其次，要学会思考，对新事物要有一颗敏感的心。做到这一点，就需要读书与学习。读书，不一定非读成册的书，选择有思想的文字也可以，它们会帮助你打开视野，让你知道，在自己自以为是的小世界之外，其他的东西如何运行。再者，找一些有见识、思路开阔的人聊天，也是一条学习之路。

（原载《梅陇报》，2016 年 11 月）

社会治理，文化当先

　　梅陇的"客堂间"，是群众组织文化活动的一种方式，在文化名人的感召下，吸引越来越多的群众参与；梅陇的"客堂间"，亦是梅陇一种新兴的文化形态，在社会治理中展现沟通协调、整合资源、满足归属感等社会功能。

　　打造"人文梅陇"，出发点和归宿点就在于培育一个健全、健康的市民社会——"社会参与，各方举手"，是一种姿态，一种胸襟，更是一种高度。对"客堂间"多元主体的呼唤与期盼，体现了服务政府的姿态与睿智。因为社会治理，需要全社会合力共襄；社会主义核心价值观，需要在优秀文化的血脉中开拓前行。

　　梅陇镇文化领军人物工作室与"修齐讲堂"的揭牌，说明优秀文化始终是社会关系的基石，社会和谐的基础。基层文化团队，维护了社会安定，其在时代精神传承、温暖大众心灵方面作出了不可忽视的贡献；而"客堂间"以春风化雨、立德树人，在弘扬真善美中培育了良好的社会风尚。

　　"欲修其身者，先正其心"——在"社会治理，文化当先"思路中诞生的"客堂间",体现了蓬勃向上的城市精神和城市文明,也体现了"人文梅陇"崇德向善、见贤思齐的文化内涵。

(原载《梅陇报》,2017年3月)

破茧成蝶，思深方益远

《闵行报》不久前对镇党委书记杨建华的专访，读来意味深长，令人遐想；站在两个五年规划的交汇点上，一个发展的"人文梅陇"愈发清晰。

思深方益远，谋定而后动。文中每一处改革设计，每一句政策表述，都有充分的依据，都经过深入的调查研究——调查研究一直是梅陇镇党委的谋事之基、成事之道——调研的"靶心"始终对准经济新常态下的各类矛盾：梅陇，如今最突出的矛盾不是总量问题，而是结构问题；而宽泛意义上的"管理"正被"结构性改革"取代，指向非常鲜明。

深化改革，针对真问题才能对症下药；经济发展，找到实办法才能行稳致远。破茧成蝶，是生命的变异，是人生的境界。而"破茧成蝶"的反义词"作茧自缚"，正是改革难以前行的病根。观察问题，看到病症很重要，找准病根更重要。治病根，杨书记的药方是"不断更新发展理念"。

"理者，物之固然，事之所以然也。"发展实践由发展理念引导。理念决定行动，行动决定未来。杨书记阐述的发展理念，为梅陇未来 5 年乃至更长时间的发展理清了思路，让我们能站在无法绕开的历史关口，认识自己、完善自己、超越自己。

（原载《梅陇报》，2017 年 3 月）

保护"生命之源"

　　河道，是祖祖辈辈梅陇人赖以栖居的原生态的底色——它是我们的眼睛和灵魂，有了清澈的河水，家园才充满生机和灵性。

　　28条段黑臭河道，是梅陇之痛。虽说有多方面的原因，但很大程度上由我们自己造成：部分沿河企业随意排放污水，一些居民肆意倾倒垃圾……在这样日积月累的"习以为常"中，河道怎不变臭？

　　小康全面不全面，生态环境是关键。建设人文梅陇，"爱河、护河"应是我们这一代人的历史责任，也应成为大家的自觉行动。梅陇强力出手彻底消除河道黑臭，是造福桑梓、惠及百姓之举，自然得到了广大市民的拍手称赞。但有一点必须明确：整治，是一时的事；长治，才是大家的共同心愿。

　　河长制，是一个催生河清水绿的好制度。但河长制能否发挥实效，关键在于责任的细化，组织形式的条分缕析，以及责任主体的精确锁定。

　　权责明晰，更要履责有力。将用心良苦的制度设计转化为务实可行的环保行动，才是推动"河长制"迈向"河长治"的关键。只有保护"生命之源"的举措落地了，责任落实了，河道才能永畅长清，成为展示梅陇文化、历史和现代气息的一道风景。

（原载《梅陇报》，2017 年 5 月）

杏花林，梅陇一抹壮丽美景

那篇脍炙人口的散文"山中的老杏树"令人神往——每个叶窝儿都挂着圆溜溜的杏子，像珍珠、像宝石，像翡翠、像玛瑙……金色的果肉浸满果汁，放到嘴里，酸溜溜，甜滋滋，沁人心脾……

如今，全市首片百亩杏花林将亮相梅陇——这不仅为人文梅陇增添色彩，更容纳着人与自然和谐共存的生态理念——用人文的情怀灌注土地，这情怀，也灌入了百姓的心田。

我们深知"植树"的作用：固碳释氧、涵养水源、保持水土、防风固沙、改良土壤、减少污染……这不仅美化我们的生活，也孕育、滋养、抚慰万千生命。

谚曰："一年之计，莫如树谷；十年之计，莫如树木。"前人种树，后人乘凉。梅陇，正在做着为子孙后代留住碧水蓝天的大事。正如习近平总书记所言：环境就是民生，青山就是美丽，蓝天也是幸福。

家门口的公园，是百姓最期待的。梅陇的杏花林，将公益造林融入村宅周边生态环境建设，就地取材、因地制宜，实在是惠民生、得人心之举。

印象梅陇

沾衣欲湿杏花雨，吹面不寒杨柳风。杏花林，只是一个新的起步，让我们一代人接着一代人干下去，把家园梅陇建设得更美丽！

（原载《梅陇报》，2017 年 6 月）

党建文化，人文情怀

纪念建党 96 周年，梅陇镇党委书记杨建华谈到了"党建文化和人文情怀"。什么是"党建文化"？党建文化和人文情怀又有什么关系？

党建文化，是"人格的扩大"。没有一个人天生就完美，完美要靠修炼——从"吾日三省吾身"到"养心莫善于诚"再到"君子慎其独也"，修炼的支撑点，就是梅陇正在滋养的"城市温度"和"人文情怀"。

人文梅陇的"文"以"人"为本，"人"以"文"为内质，通过人与自然、社会和心灵的调节而生发出人伦文化和生存文化。党建文化滋养的人文情怀，是对人的生命与尊严、意义与价值的理解，它既是一种追求，也是一种思考。

梅陇，党建引领下的文化，要求党员德以润身、忠诚为基、行在实处、不懈修行。而人文情怀表达的精神文化，正是共产党人干事业的动机和目标。这些动机和目标，将使我们的生活更加美好，我们的社会更加和谐——与此同时，我们也能更好地悦纳自己。

辩证地看，人文情怀也促进了党建发展。人文精神既是党建的

印象梅陇

生命力与吸引力，也是党建文化的基石与支撑，而梅陇，已从探寻基层党建的人文情怀中汲取了砥砺前行的力量。

（原载《梅陇报》，2017 年 6 月）

建设法治型政府

在上半年的政府工作报告中，陈浩镇长讲到了"坚定法治型政府建设"——这对梅陇的全面发展，有很强的现实意义。

法治型政府，首先是用法治规范权力和行为，推进机构、职能、权限、程序、责任法定化，规定行政机关不得法外设定权力：法无授权不可为，法定职责必须为。这是对政府行使行政权力的基本要求。

法治型政府，必须做到"法立，有犯而必施；令出，唯行而不返"。法律的生命力在于实施，法律的权威也在于实施。"天下之事，不难于立法，而难于法之必行。"如果有了法律而不实施、束之高阁，或者实施不力，做表面文章，那制定再多的法律法规也无济于事。

法治型政府，要用法治思维和法治方式行政。今天的梅陇，改革任务之难前所未有，稳定任务之重前所未有，矛盾风险挑战之多前所未有。面对诸多的"前所未有"，政府工作人员必须明确，法治思维和法治方式，是凝聚共识、深化改革、化解矛盾，维护梅陇大局稳定的最有力的武器。

总之，在复杂多变的行政事务管理过程中，只有弄通了"法治的道理"，梅陇的经济，才能有序发展；和谐社会，才能有所归依。

（原载《梅陇报》，2017 年 7 月）

成于细，贵在精

梅陇的"创全"（即创建全国文明城区）在既定的时间表中稳扎稳打，取得的成效有目共睹。但是，"创全"工作越往后推进，难度越大，挑战越多，越要谋定而后动。而破解"难点"，消弭"痛点"，需要"绣花功"。

因为，绣花是一个精细活，只有一针一线精准到位，一环紧扣一环，一步紧跟一步，才能绣出花团锦簇。"创全"亦是如此，针脚不细，就容易跑线漏风；措施不实，就会功亏一篑。

所以，我们现在必须抓住关键环节和重点区域，沉入一线找差距、定措施、赶进度，既补齐硬件上的短板，又堵住软件上的漏洞。对已达标的，要巩固成果，提高标准，确保优势；对不达标的，要找准问题的症结，存在的差距，集中解决一些热点难点问题，如共享单车统筹管理、渣土闭环有序管理等。

大考在即。"创全"，是一场全面提升梅陇面貌和品质的攻坚战；"创全"，成于细，贵在精。梅陇的摊子大，任务重，我们只有以小见大，积小成大，从大处着眼，在小处落实，一个片区一个片区地做，一条线一条线地改，一个点一个点地推——

汇聚起一件件辛劳而成的小事，就做成了造福千家万户的民生大事。

（原载《梅陇报》，2017 年 7 月）

青年干部，任重道远

为了使梅陇镇的青年干部"耳聪目明"，堪当重任，镇党委领导这些年来对他们一直是"耳提面命"，悉心培养。这是因为，造就一支素质优良的年轻干部队伍已是保证梅陇持续发展的战略任务。

年轻，是年轻人最大的资本。如何把这个"资本"用好，是年轻干部必须思考的问题。尽管他们学历较高，理解能力较强，但也有明显"短板"：阅历较浅，考虑问题欠周，理论功底不深，组织观念较弱等等。正因为如此，镇党委对他们的培训十分必要，"正当其时"。

俯下身子做实事，认认真真读些书，杨建华同志以"修身齐家治国平天下"的眼界要求青年干部"不患位之不尊，而患德之不崇；不耻禄之不厚，而耻智之不博"——在这个瞬息万变的时代，唯有勤学习、善思考、重实践，才能在转型发展的梅陇当好排头兵。

这次参加培训的 80 名青年干部，都是梅陇的骨干力量，都是各单位工作链条的重要一环，承上启下，地位关键。他们的健康成长，

印象梅陇

自身努力是内因，党组织的培养是外因，内因和外因虽然相辅相成，但内因起着决定性的作用。

业精于勤荒于嬉，行成于思毁于随——青年干部，任重道远！

（原载《梅陇报》，2017 年 9 月）

出发点和落脚点

过去的五年，梅陇有了绿色的长足的发展。这些发展，都贴近了民生，体贴了民意——在群众"最盼"上赢民心，在群众"最急"上用真情，在群众"最需"上办实事——梅陇迈开大步，在转型发展中取得了实效。

为政贵在行。五年来，梅陇"真金白银"的不断投入，使我们取得了诸多"更好"，这是实实在在的"得到"，即"获得感"。"获得感"有别于"幸福感"，其使百姓得到的利好有了进行指标衡量的可能。今天的梅陇，抓了结构性的改革，补了民生的短板，"获得"将不断转化为"幸福"。

中国的文化传统讲究"家国一体"，老百姓大多从家庭生活好不好、精神文化生活是否愉悦来判断居住地乃至整个国家的美好程度。所以，"家更美，居更适，活动更精彩"已成为群众的期盼。通过对城市品质的不懈追求，梅陇已逐步成为社会治理完善、市民认同、兼具文化底蕴的"美丽家园"；而"人文梅陇"的理念，给我们的发展提供了更大的空间。

为政之道，民生为本。习近平总书记说："我们一切工作的出发点、落脚点，都是让人民过上好日子。"这个出发点和落脚点，必须时刻铭记在心。

（原载《梅陇报》，2017 年 11 月）

干在实处，走在前列

在梅陇镇五届三次人代会上，镇党委书记杨建华提出新年"发展实绩更有深度、惠民答卷更有厚度"的工作目标。对准目标，2018年的"决战决胜"，需要我们有统揽全局的眼界，敢挑重担的勇气和咬定青山的韧劲。

所以，陈浩镇长的政府工作报告，"实干"就是最鲜明的主题——说一千，道一万，不如"两横一竖"一个"干"。大干大变样、小干小变样、不干不变样。梅陇做成了这么多的实事难事，关键是靠一抓到底的实干苦干。民生在勤，勤则不匮，这里面，来不得半点虚功。

面对梅陇的战略擘画，除了实打实地干，没有捷径可走。而且，我们在发展，别人也在发展，要"走在前列"，就需要付出比别人更多的努力。面对转型跨越的艰巨任务，不大干没有出路；面对全区争创一流、竞相发展的态势，不实干没有位次；面对人民群众更有"热度"的期望，不苦干没有实绩。因此，我们必须把工夫下得再大一点，把劲头铆得再足一点！

而干部干部，干是当头的。要干，领导干部只能先苦起来，实起来，既劳心，又劳力，一级带着一级干，在每一个岗位上，以令人信服的业绩，向梅陇百姓交出真抓实干的答卷。

（原载《梅陇报》，2018 年 1 月）

认真落实"大调研"

在闵行区梅陇团大调研动员部署会上，镇党委书记杨建华重点讲到了"落实大调研，解决工作作风不实"的问题。确实，汽车时代与信息社会很容易出现"悬浮干部"——他们沉浸在"文山会海"中，满足于现成的汇报材料或网络资料，满足于形式上的听听、转转、看看，使工作中应占"重头戏"的调查研究"走过了场"。

更有甚者，有的调研只是浮光掠影走马观花——调研变成了"约研"，座谈会变成了"座读会"——这样的调研，有什么意义？

首先，调研不走过场，须用心。用心者，有"视力"和"眼力"，在调研中对新情况新问题反应敏锐，提出的应对措施可操作性也就强。其次，调研不走过场，应唯实。多方面了解老百姓的真实状况、真实想法，坚持有一是一、有二是二，不唯书、不唯上。再次，调研不走过场，宜求细。调研不细，无法提供翔实的参考依据，决策就会大打折扣。

总之，文可载道，以用为贵。衡量调查研究的好与差，要看调研报告的质量，更要看调研成果的运用，看在实践中能不能把梅陇的问题解决好。相信，接下来的察民情、搞论证、做决策，一定能

288

使大调研这个"传家宝"在梅陇发挥现代功效。

（原载《梅陇报》，2018 年 1 月）

当好企业"服务员"

梅陇经济要发展，离不开企业的支撑；企业的健康发展，离不开政府各个部门实实在在的服务。服务企业，解决难题是根本，雪中送炭是必需。

伟巴斯特、罗托克都是优质企业，它们的发展，它们的经营，主要靠市场的"无形之手"，在这方面，政府无须伸手插手；但它们"燃眉之急"的破解，却要有政府"有形之手"的支撑。

政府当好企业的"服务员"，在服务企业中体现管理，在管理中建设服务政府、责任政府，给企业更多的信心，让它们有一个良好的发展环境，让梅陇成为它们温暖的"家"，是我们需要做好的事。

"放管服"改革，放是起点，管是保障，服是目的。坚持需求导向，把企业的难点、堵点作为改进服务的重点，为企业提供保姆式的服务——政府甘当"店小二"，这是一个形象生动的比喻，也是企业实实在在的需求。

而如今，政府提供服务更要精准化、具体化，这是政府职能的转变，目的是优化配置资源，改变梅陇的营商环境。营商环境也是生产力，是新时代经济高质量发展的新动能。

印象梅陇

"岂曰无衣，与子同袍。"经济改革的重点已经落在政府和企业"相依相存"的关系上，而这个关系的结合部即边界，是改革的重中之重。

　　　　　　　　　　　　　　（原载《梅陇报》，2018 年 5 月）

从"河长制"到"河长治"

水是生命之源，但河道污染的日益严重，已成为经济社会可持续发展的瓶颈。如何治水，是一道困惑题。因为，河水好坏，表象在水里，根源在岸上。岸上的问题很复杂，症结在于落后与粗放的生产生活方式，在于"九龙治水"的体制机制，在于生态环境治理力度的软化弱化。

针对"环保不下河"的弊端，国务院让地方各级行政长官担任"河长"，形成治水"责任链"——闵行区"总河长"最近来梅陇，就是要统筹闵行区的水里岸上、上游下游、左岸右岸的环境治理，整合环保、水利、工业建设等部门力量，形成治水合力。

"河长制"给每一条河流一个负责任的名字，但"合力"能否发挥实效，关键在于责任主体的精确锁定，组织形式的条分缕析，防治责任的真正细化——蹲下去才能看清蚂蚁，各级河长要经常到河边走走、看看，及时掌握第一手资料，及时将用心良苦的制度设计转化为务实可行的环保行动。

"江南好，风景旧曾谙。"每一条河流，不仅是"河长"们的乡愁，更是我们每一个人的情感寄托。为了还给我们的百姓、我们的后代一个碧水蓝天，在"河长制"迈向"河长治"的道路上，我们要不畏困难，踏实前行。

（原载《梅陇报》，2018 年 5 月）

"创全"，必作于细

"创全"以来，梅陇镇发生了有目共睹的显著变化，但一些难点、细节问题也有显现。细节决定成败，"创全"考核细，要求严，难度大，没有小环节的完善，就不可能有全局的胜利。所以，"创全"的持续发力，需要拉高标杆，不放过任何瑕疵。

于是，细化网格管理，主攻薄弱环节，就是我们接下来的工作重点。我们要一个点一个点地查问题，啃下"硬骨头"，把每一个文明细节落实到位，让公共秩序经得起"细评"，环境卫生经得起"细看"。

"创全"，不能"平面视角"，不能感知麻木或"感觉良好"，而要"空中俯视"，全方位地找一找瓶颈、死结和钉子——从群众迫切需要解决的问题入手，动真情，出实招，共建共享，赢得大家的拥护和支持。

"创全"，不是政府的政绩工程、形象工程，而是全民参与、群策群力才能完成的民心工程。一个城市的文明程度不体现在高楼大厦、五光十色上，而体现在每个市民的言行中。因此，打造市民身边的修身文化，生动地讲述真善美的梅陇故事，就是梅陇传播文明理念的应时之举。

相信，"必作于细"的创全，能使梅陇百姓的幸福更有质感；而"外修生态，内修人文"，正是梅陇"创全"的战略目标。

（原载《梅陇报》，2018 年 3 月）

法治化和专业化

"海派家园"的工作，从一个侧面反映了梅陇镇社会治理的转型，其治理主体已经"多元"——党委"抓大"，主要是"抬头看路"；政府"负责"，主要是提供更多更好的公共服务；而社区治理，公共服务市场化已成为一种发展趋势。政府通过购买服务将可以由市场和社会承担的事务交给社会组织承担，这就发挥了公众参与治理的协同作用。

因为，如今的政府不是计划体制下的全能政府，而是一个有限型政府，需要以开放的心态，整合社会各种资源来参与对群众的服务和对公共事务的管理。"海派家园"这个梅陇镇政府引进的社会资源，正在用法治化和专业化的方式，大力提高社会治理能力的现代化水平。

所谓"法治化"，"海派家园"首先倡导业主既"乐其俗"，又"讲法修睦"；小智治事，大智治制，用法治保障把社会治理触角延伸到社会末梢，把服务工作做到群众身边。

所谓"专业化"，就是让专业的人做专业的事，精准分析，精准服务。"堵洞防漏"只是工作的一个方面，因为业主的公平感和幸福

印象梅陇

感联系在一起。凡事预则立——源头治理，"事后处置"向"事前处置"前移，是"海派家园"的工作特色。

（原载《梅陇报》，2018 年 4 月）

春华秋实看梅陇

这些天，一批批戴着"梅陇人民看梅陇"红色遮阳帽的梅陇市民，兴奋地参观了梅陇的"一路一带"、美丽乡村、航宇中心、党建中心……细细体味梅陇改革开放后的巨变。

一滴水可以反映太阳的光辉，一个地方可以体现国家的风貌。1978年，中国开启了改革开放的历史征程，梅陇镇也从一个农村地区崛起而成为充满魅力、动力、活力和创新力的主城区——大家看到了40年春风化雨、40年砥砺奋进的成果；这些成果，给了梅陇人民满满的获得感。

党建中心里，历史图片展现梅陇人40年不畏艰辛，从贫穷走向小康，又破茧成蝶、转型发展的真实历程；展现生态立镇的目标——拆违七千亩，五千亩用于绿化——"梅陇绿"绘就梅陇人的宜居梦想，给予梅陇更多的成长空间和底气。

"立国之道，唯在富民。"改革的出发点和落脚点，是增进人民福祉。继往开来，我们将以民生为"指南针"，扭住老百姓最关心的领域和事项谋划改革；结合大调研，推出一批叫得响、立得住、群众认可的硬招实招，把改革方案的含金量展现出来。

印象梅陇

思想解放无止境，实践发展无止境——"看梅陇"，将继续为建设幸福美好新梅陇插上腾飞的翅膀。

（原载《梅陇报》，2018 年 5 月）

合唱的天空

　　共唱共鸣，人气爆棚——闵行市民合唱大赛暨梅陇镇第二届市民文化节、运动会在南方友谊广场启动，那么多不同的声音有秩序地交融在一起，发出的共振是心灵间的交流。因为，音乐是梦想开始的地方，合唱是人类期盼美好生活的一种艺术表现方式。

　　上海合唱节落户闵行11年，"合唱"已成为闵行区的品牌文化项目，而梅陇合唱团的合唱，音色丰富、音域宽广、力度变化大、表现力强，还包含男女高、中、低声部中的戏剧、抒情种类——出色的表演，让人刮目相看。

　　高兴时欢呼，悲愤时呐喊，是歌唱的本源。合唱使大家聚到一起抒发情感，不善表达的人，也能在集体的声响中感到身心畅快，神清气爽。

　　合唱之"合"，是合作之"合"，也是和谐之"和"。合唱，需要很强的团队精神与责任心。合唱团的口号是："合唱团里没有我，只有我们。"

　　因势而动，因时而新。今年市民文化节的一个亮点是降低门槛，让更多群众参与各类文化体育活动。我们看到，露天广场的合唱，在提高市民审美能力和鉴赏力时，也培植了群众文化活动的沃土。

今天的一片树叶，能倾倒一个夜晚；明天，无数片树叶伴着优美旋律漫天飞舞的时候，将倾倒闵行的世界。

（原载《梅陇报》，2018 年 6 月）

不经风雨，怎见彩虹

随着"安比"的离去，老天爷为上海捧出了惊喜——美丽的彩虹挂上了天。市民纷纷拿起手机拍下并传播这久违的美景。有人说，看到彩虹的人是幸运的；我认为，台风过后，没有重大灾情报告是幸运的。

"没有重大灾情报告"就是交给社会的最好报告，"幸运的彩虹"亦非凭空而起。科学精准预报，突出防御重点，做足防台预案——此次抗击台风的成效，折射出上海、闵行及梅陇的应对措施更加成熟，抗台体系更加现代化——连接气象、水务、交通、教育、公安、公用事业等部门的信息汇总、研判、甄别、监控和发布的联动网络已经建成。

闻"风"而动，众志成城，越是关键时刻，越考验各级干部的综合领导能力。我们看到，在"一盘棋"的思想下，领导干部一线指挥，没有因为经验主义而出现侥幸心理，从最坏处打算，做最充分的准备，工作做得细，情况摸得透，不漏一人，不漏一处，各司其职，守土有责，用行动守护了城市的安全。

台风，是灾害，也是大自然的馈赠，人类应逐渐找到与台风共处的方式。所以，只有事先铺开一张由更多力量参与的防范之网，待狂风暴雨来临时，我们才能"经风雨，见彩虹"。

（原载《梅陇报》，2018 年 7 月）

"宜商宜业"有评判

近年来，虽然市场主体准入门槛大大降低，但"办照容易办证难，准入容易准营难，开张容易开业难"等问题仍待破解。而如今，梅陇镇"跨前服务"，设立"移动窗口"等举措，既是解决问题的办法，也是改革不断取得实效、切实惠及公众的见证。

办证办照是否方便，能否为经营者提供一站式服务，是检验政府工作效能的重要尺度。经过多年发展，在"让数据多跑路，百姓少跑腿"的现实语境下，人们对地方办证办照的服务和效率有了更高的要求和期待。换句话说，服务，不能停留在"建起来"的层面，更要从细节、作风上，从软件、硬件上不断升级，让办事群众少一分堵心，多一些舒适；少一分抱怨、多一些满意。

当"门难进、脸难看、事难办"的状况正在改观时，办一件事、办一个手续的时间有没有缩短，已成为检验政府"放管服"成效的"最后一公里"。

"便民"，有着具体的评判指标，梅陇镇，正在做着这个指标。因为，"宜商宜业"不是一句空话，透过服务的窗口，人们期待看到的是温暖、人性、高效、便利，而不是懒散、傲慢、无序和低智。这当中起决定性作用的是思想观念的转变和责任意识的提高。

（原载《梅陇报》，2018 年 9 月）

善用"第三空间"

"第三空间",也可说是"第三生活空间",是指公司白领在家庭生活和职业岗位之外的活动空间。梅陇镇在中庚环球创意中心建立党群服务站,是一个设在商务楼宇内,为5000余名白领服务的很好的驿站空间。

敬业度,一直是企业较难解决的文化课题,而"第三空间"对员工敬业度有重要的影响。调研发现,敬业度比较高的员工,往往在上班下班"两点一线"之外,享有可供选择的"思想充电",享有健康、快乐的文体活动和精神生活。有人说,如今的员工比较内向,不愿意表达自我。其实,你给他一个活动场所,让他参加一场"敏读会"或"赛诗会",他一定能表现自己的智慧与才华,在工作中也会以愉悦的心情发挥更大的主观能动性。

"第三空间",亦是党建工作与工会工作的有效场所。扩大党在"两新"组织的组织覆盖和工作覆盖是基础性、经常性的工作,梅陇镇按照行业相近、地域相邻、产业相关的组建原则,以上门孵化的方法,精准消除"空白点",使党的执政基础更加牢固。

印象梅陇

工欲善其事，必先利其器。善用"第三空间"，是中庚环球创意中心党群服务站的事，也是梅陇镇各级组织必须考虑的事。

（原载《梅陇报》，2018 年 9 月）

党建绘出同心圆

东方网直播，杨建华同志谈到了梅陇的"三张名片"，其中，党建这张"名片"最亮丽。因为，党建是一切工作的基础，党建抓得好的地方，就能上下拧成"一股绳"，形成"一股劲"，绘出最大同心圆。

比如，梅陇镇党委压实政府及基层生态环境保护责任，落实"河长制"，进行拉网式巡逻，对排查发现的问题，积极行动，迅速整改，以此做到一项一项抓落实，一件一件促完成。

比如，梅陇镇的"千堂党课"进村居、进学校、进"两新"组织，以"党建＋生态保护"为内容，以发生在身边的治河护绿事例为依托，"同频共振"，生动地宣讲低碳环保、生态文明建设的重要性……

"人文"与"生态"密切相连。梅陇镇的百岁寿星全区第一，与我们逐年改善的生态环境有关，也与梅陇注重民生，着力解决群众日益增长的精神文化需求有关。而今四面开花的文化客堂间和邻里中心，提供了"家韵乐活"的文化服务，留住了"乡情乡愁"，也培植了积极向上的人文精神。

党建引领，已深入梅陇的方方面面，最近挂牌的"红色物业"又是一例。社会治理、物业管理问题多多，但在相关会议上，闵行区社建委副书记汪丹说：发挥共产党领导的传统优势，一切问题必将迎刃而解。

（原载《梅陇报》，2018 年 10 月）

工匠精神抓落实

不久前召开的梅陇镇党代会上，杨建华同志提到"凡事要有工匠精神，追求精益求精，做到最好"。这个要求符合梅陇"追求卓越"的精神。

在梅陇八个字的城市精神中，"卓越"包含新时代"工匠精神"的基本内涵，这包括爱岗敬业的职业精神、精益求精的品质精神、协作共进的团队精神等。其中，爱岗敬业是根本，精益求精是核心，协作共进是要义。

一个人，把一样工作做得很好，很不错了，但不满足，还要做得更好——他对品质的追求，只有进行时，没有完成时，永远在路上，这就与梅陇"高质量发展、高品质生活、高水平管理、高标准党建"的目标相契合。

梅陇的发展，到了一个新的阶段，把蓝图变为现实，没有"协作共进的团队精神"不行。我们每个人做的事，都是"蓝图"中的一小部分，就像"复兴号"列车，一个车厢有三万七千多道工序——如此繁博，一个人不可能完成。

还要看到，虽然"工匠精神"强调执着、坚持、专注甚至是痴迷，

印象梅陇

但不等同于因循守旧。我们须懂得追求突破、追求创新的"匠心"内蕴。这是"两分法"：文化价值来自"人化"又回归于"化人"。

"艺痴者技必良"——希望梅陇的各个领域内，出现更多的"工匠"。

（原载《梅陇报》，2018 年 12 月）

转型发展

.

梅陇：社会建设开新局，转型发展再出发

惊蛰春乃发，奋进正当时。"新时代该如何展现新作为？实现新突破？"地处上海闵行一隅的梅陇镇不断思考。大盘谋局，首在度势。自2000年"撤二建一"成立梅陇镇以来，梅陇在转型发展的道路上不断砥砺前行，特别是近些年，梅陇以党建引领为工作总纲，通过机制、队伍、网格建设，创新社会治理模式，推动社会"统筹、有序、持续"发展。

梅陇镇以闵行区"两个统筹"平台为框架，在全区建设产城融合示范区的大背景下，坚持转型突破的理念，对自身在闵行、乃至上海的功能定位、产业布局提出展望，形成了"三区三轴"的产业新格局。同时，该镇以"北优南拓、双轮驱动"为发展战略，对标闵行"一轴一带三大功能区"布局，主动融入"大滨江"等建设，在盘活土地资源的基础上，依托"一路一带一线"等优质项目，形成了集交通路网、城市管理、公共服务等为一体的发展蓝图。该镇以建设"宜居、宜商、宜业"梅陇为目标，弘扬"人文、灿烂、卓越、和谐"的梅陇城市精神，致力生态环境、民生保障及文化发展，努力为闵行建设生态宜居现代化主城区、上海建设"创新之城、人

文之城、生态之城、卓越的全球之城和社会主义现代化国际大都市"添砖加瓦。

"打铁必须自身硬"，社会发展因党建引领更具活力

梅陇镇位于闵行区的东部，与徐汇区接壤，区域面积 28.07 平方公里，辖有 15 个行政村、4 个改制村、62 个居委会，总人口 30.96 万人，其中户籍人口 12.96 万人，来沪人口 13.89 万人。全镇共有 115 个小区，其中老旧小区 65 个。镇党委下属二级党委 3 个，基层党（总）支部 259 个，党员 1 万余名。来沪人员多、"两新"组织多、老旧小区多、管理体量大等现状，是目前面临的主要挑战。

社区党建服务中心学习同心圆活动

梅陇认真践行"抓好党建是最大政绩"理念，探索"大党建"下社会治理新模式，助推地区发展。

坚持党建引领，统筹推进"一盘棋"。梅陇构建"一轴四网"大党建格局，放大党建资源对社会发展的辐射效应。"一轴"是以落实党委党建责任为主轴，层层压实基层党组织的主体责任。"四网"就是全覆

社区党建服务中心重温入党誓词

盖的大党建网格：一是区域化党建网格，以社区党建服务中心6个片区和33个党建工作分站为依托，让党建资源走出中心、走进基层；二是基层党建网格，以党建引领夯实集体经济组织基础，保驾集体经济转型发展；三是条线党建网格，以镇属机关和企事业单位为主体，促进各单位履责到位，融入社会发展；四是群团服务网格，发挥群团组织服务社会、参与治理的作用。健全"五化一体"工作模式，督促职责闭环。从"责任具体化、党建项目化、述职规范化、监督常态化、整改公开化"五个方面着力，把党建主体责任延伸落实到基层管理、辐射放大到区域发展，并通过优化考核机制，突出中心工作，完善责任清单、鼓励清单、负面清单以及有错与无为行为问责办法，建立可细化、可问责的责任闭环体系。

夯实基层基础，抓住关键"一群人"，选优配强"领头羊"。梅陇聚焦"班长工程"，把优秀干部逐步充实到村居党组织书记岗位，将文化骨干纳入"三长"队伍，形成"班长＋三长＋骨干"的社会治理队伍。2017年，该镇有12名优秀干部被提任或下派至村居任职，15名青年干部通过竞聘走上居民区正副职岗位，各类培训举办200余场，培训党员12000余人次，居村"三长"、各类志愿者工作负责人、条线干部等2800人次。下基层啃"硬骨头"。通过"班长"引领，梅陇努力突破"五违四必"整治、"美丽建设"等工作中的瓶颈。华唐苑小区曾因入室盗窃案发率高被列为治安薄弱小区挂牌督办，2016年初，镇党委选派一名优秀年轻干部到小区担任支部书记，通过发挥"四位一体"作用，扭转了原先被动不利的治安局面，小区入室盗窃率从2015年的66起，转变为2016年1月至今的零发案率。许泾村原是一个经济薄弱村，"脏、乱、差"问题严重，镇党委选派了原安全办主任到许泾任村书记，带领班子成员顺利完成拆违任务，并在闵行区率先启动"美丽乡村"建设试点，使许泾村面貌焕然一新。

统筹地区资源，做细做实"一张网"。构建"1+6+X"三级网络。梅陇以1个党建联盟、6个党建片区为基础，先后吸纳168家区域内党组织成为联盟成员单位，将党建组织优势延伸到服务民生、聚焦到社会发展上来。推动镇社区党建服务中心及悦慧·中环等75个基层党建服务分站建设。2017年，镇社区党建服务中心共接待全国各地参观学习约180批次，总计约3200人次，上海首场"学习同心圆"在线音频党课暨"周四讲习所"也在此开讲，上海新闻广播《海上畅谈》、阿基米德FM《学习同心圆》同步进行了直播。建立一批以社会治理为主题的党建项目。如罗阳一居党总支部通过"居民议事小组"项目带领社区党员、群众骨干参与业委会和物业的矛盾化解；集心村的"民主工作法"解决了富余劳动力岗位安置难题。近年来，100多个以社会治理为主题的党建项目发挥效用，及时解决了梅陇群众的急、难、愁问题。

"而今迈步从头越"，经济建设在新的起点再次启程

过去，梅陇得益于改革开放以来的多重红利，积累了较为可观的经济基础，形成了优良的区位和综合环境。但和上海的许多街镇一样，粗犷式的经济高速发展也带来了诸如产业结构过分依赖房地产，缺乏高、精、尖龙头企业等通病。

自2014年上海市委提出"创新社会治理"以来，梅陇把握契机、腾笼换鸟，先后关闭了西南、红都、毛家塘等多个低端市场，并以"清楼扫地"行动盘活楼宇经济，打造了5幢税收"亿元楼"。同时，积极扮演好"店小二"的角色，出台政策服务企业，对企业

做到"有求必应、无事不扰";推进众欣园区、天利地块、"力波"东地块等存量工业用地的二次开发;促进伟巴斯特、罗托克阀门等龙头企业的上下游配套企业集聚;培育绿亮科创园、电子物联产业园等能"融入美丽城区"的综合性城市产业园区。

2017 年,梅陇镇实现各业总收入 612 亿元,地区生产总值 160 亿元,实现财政总收入 49.6 亿元,集体收益完成 11.8 亿元,区级地方财政收入实现 17.5 亿元,内资注册资金实现 44 亿元,吸收合同外资 7689 万美元,到位外资 1385 万美元。

今年 4 月,梅陇镇还将在中庚环球创意中心举办实体经济论坛,向全国乃至世界百强企业推荐、嫁接优质资源,寻找更高质量的合作伙伴,为朱行地块、莲花路地块、永联地块和银都路地块的土地找到"好人家"。

在新时期下,梅陇围绕闵行建设产城融合示范区中的项目化责任分工,探索建立适应地区发展的指标体系,并邀请专家学者进行调研,为融入闵行及上海的总体布局打好基础,明确了"三区三轴"

梅陇锦江乐园一景

梅陇南方连廊夜景

产业新格局：北部优化南方商圈传统商业商务功能，形成动漫发布、高端商务、文化贸易和体验式消费为主的高端商业区；中部挖掘虹梅南路、银都路地段潜力，探索打造金融商贸、产权交易、文化娱乐、时尚设计和高端酒店等功能于一体的综合区；南部依托欣梅园区，在滨江先行启动区规划阀门控制研发设计、食品检验检测和人工智能产业为主的先进制造区。同时，打造银都路金融交易核心轴、虹梅南路人工智能发展轴和莲花南路品质社区生活轴。

"千树万枝梅花开"，城市品质随区域发展得到提升

过去五年，梅陇因"大滨江"开发规划控制等因素，没有造一幢高楼，唯一的中庚环球创意中心也是五年前就开始建造的。面对"三区三轴"的崭新格局，梅陇蓄势待发，积极探索更加有效的协调发展模式。

统筹区域发展，城市"布局图"实现更替。自 2015 年 10 月以来，梅陇通过"五违四必"整治，拆出了 315 万平方米的土地；2017年又通过动迁腾出土地 5000 余亩（占全区总量的 44.3%，排名第一）。在腾出土地的同时，近期，"曹行大居地块容积率提升""郊野单元规划"等编制陆续获批，朱行、行南和莲花南路捆绑地块土地也先后完成评估，外环生态专项工程梅陇段红线外 11 幅零星地块全部实现扩充收储，以深化"北优南拓、双轮驱动"为基调的新一轮布局正在梅陇提笔生花。

聚焦重大工程，项目"辐射力"全面扩大。近年来，梅陇聚集了闵行区内最多的重大工程，2016 年有 65 项，2017 年有 84 项，2018 年有 90 项，其中以"一路一带一线"（虹梅高架路梅陇段、外环生态专项工程梅陇段、轨交 15 号线梅陇段）最为典型。目前，虹

建设中的虹梅高架路

梅高架路已全线通车，外环生态专项工程梅陇段 102 公顷绿化全部竣工，轨交 15 号线梅陇段 6 个站点全面开工，三个项目共涉及梅陇地区 1270 户居住类、185 证非居类（涉及企业 1100 多家）的动迁腾地，给周边群众生活带来了新的转变。同时，优质的项目建设也进一步带动了城市品质提升：虹梅高架路梅陇段的动迁腾地给沿线的业态带来了转型的空间；平阳路、龙州南路及万源路等"断头路"的贯通补齐了城市路网的短板；行南二队、刘家墙等城中村的拔点和行西、永联村等动迁安置基地的建设实现了一直以来"农民上楼"的愿望，以"一路一带一线"为代表的系列优质项目正在梅陇落地开花。

加强管理力度，城市"内循环"更加畅通。大城镇的精细化管理是一篇需要精心谋划的大文章，从过去的"将就"变成了现在的"讲究"，梅陇在做好道路市容环境卫生、渣土整治、环保违法违规建设项目排查等各类专项治理的基础上，着眼科学的管理模式，积极探索锦江乐园"士林夜市"临时餐饮备案及莲花南路、梅富路等周边小餐饮集中备案监管模式，全面建成并启用建筑垃圾和湿垃圾中转分拣点，全镇全部居村 100% 完成"无违建先进居村"创建，镇层面完成"无违建先进街镇"创建申报，区域环境的不断改善为梅陇的城市面貌锦上添花。

"宜居、宜商、宜业"，城市未来在新的时代朝气蓬勃

回首过去，为了更好地启航，梅陇在"成长的烦恼"中逐步形成了积淀、树立起品牌、凝聚成精神。这座城镇的未来必将朝气蓬勃。

人文梅陇丛书

这是一个有色彩的城镇。截至 2017 年底，梅陇全镇绿地面积 731.6 万平方米，覆盖率达 42.6%，人均绿地面积 24.4 平方米 / 人。通过丰盛河、28 条段黑臭河道整治和 7 条段河道水系贯通，全镇水面积从 25.6 万平方米上升至 50.0 万平方米。12 个"美丽乡村"、57 个"美丽家园"小区以及以古美西路（莲花南路—合川路）为代表的"美丽街区"建设推进有序，伴随着相当于 470 个足球场大小的外环生态绿带将在今年 6 月正式启用及水环境

许泾美丽河道

印象梅陇

治理三年行动计划（2017—2019 年）的深入推进，未来的梅陇将拥有更多斑斓景致。

这是一个有温度的城镇。"人文、灿烂、卓越、和谐"的梅陇城市精神得到充分展现。每年形成的《梅陇镇民生需求调查报告》，通过需求导向为社会各项事业找准了发展方向。"益梅小院"是集"社会组织发展、特殊群体关爱、慈善公益、志愿服务及邻里中心"五中心为一体的公益总部，通过党建引领、协同运作，全面盘活了地区公益资源，人们可以通过"益卡通"积分系统在这里参与并获得各类服务。在做好温馨春申、和谐金都等 6 个社区邻里中心建设的同时，在农村地区先后完成行西村、集心村等 5 个文化客堂间建设，其规模数量、服务品质在全区首屈一指，让居村民们在家门口就能享受到文化大餐。《人文梅陇丛书》自 2015 年开始已陆续出版了 4 辑 10 本，"书香梅陇"品牌沁人心脾。居民们可以通过社区微信"Yi"平台参与社区自治，如绿地春申小区业主通过平台参与小区换届改选，实际投票率高达 81%。居住在罗阳东四村的"彩虹妈

行西村文化客堂间揭牌

梅陇邻里中心真热闹　　　　　　　　　　　　　　　梅陇社区服务中心

妈"张灿红致力于自闭症孩童的成长，荣获"全国文明家庭"表彰；工作在梅陇的青年胡振球爱岗敬业，获得了全国劳动模范、全国青年岗位能手等荣誉。

这是一个有期待的城镇。普利策奖获得者、美国知名作家、新闻工作者托马斯·弗里德曼曾撰文夸赞的上海中医药大学附属闵行蔷薇小学坐落于此。2016年底，教育部部长陈宝生到蔷薇小学指导工作，对"家门口的好学校"给予了肯定，以蔷薇为代表的"传统文化和中医国学相融合"学区化办学路径已成为地区特色。全镇医疗资源布局逐步完善，实现了"家庭医生"全覆盖，扩增了社区卫生服务中心，引入了"复旦口腔"等专科项目，在全市率先启动了第一家老年医学中心项目。各类基本社会保险覆盖率达99%以上。2017年共新增本地就业岗位3100个，2018年还将新增3000个。南方商务区是上海西南角最早的购物中心，浦西最长、上海第二长的空中连廊将中庚环球创意中心、友谊商城、莲花国际广场串联贯通，道路交通及人流通行各行其道，周边还将配套8万平方米城市公共

印象梅陇

绿地、市民演艺舞台、七人制迷你足球场、景观健身步道等设施，充分展现了梅陇北部地区宜居、宜商、宜业的综合实力。

据统计，截至 2017 年 10 月，梅陇地区共有 100 岁以上老人 20 人，较 2010 年增加 5 人；90 岁以上老人 1024 人，较 2010 年增加 1468 人。高品质的城市建设和高质量的社会发展让这片土地拥有了更多健康长寿的耄耋老人，这样的数据充满了"未来感"，令人不禁感到振奋：生活在梅陇，你可以拥有更多的期待！

（原载《解放日报》2018 年 3 月 29 日）

上海梅陇镇探索农村"互助式"养老模式，让老人不离乡土享受专业化养老服务

黄勇娣

2018 年 12 月，梅陇镇"吴介巷长者照护之家"开业，成为闵行区第一家农村自助互助养老模式，让老人在"不离乡土、不离亲情、不改变生活方式"的情况下，也能享受专业化、品质化的集中养老服务。

"我今年 74 岁，是 2018 年 12 月入住的。那边的韩阿婆 95 岁，是 2019 年 1 月来的，我的远房亲戚，她家小辈听说我住进了这里，就特地来考察了……后来，韩阿婆的小姑子也跟过来了，就是赵阿婆，今年 87 岁……"

近日，在闵行梅陇镇永联村吴介巷，坐在一栋民宅的客堂间里，唐引娟阿姨指着身边的老人一一向记者介绍。除了"跟"着她入住的几位亲戚，其他老人也大多来自永联村本村，其中一位孙阿姨还是唐阿姨的邻居，"就在村里养老，乡里乡亲的，讲话也讲得拢"。这两年，永联村全面整治"五违"地块，在家门口打造了一座漂亮的文化生态园。

梅陇镇"吴介巷长者照护之家"项目由村集体创办，规划 28 个床位，目前已入住 12 位老人，但"意向客户"远远超过了现有床位数。

吴介巷长者照护之家

每月 2800 元，农村老人付得起吗？

据了解，梅陇镇永联村是一个典型的城中村，东面紧邻徐汇区，旁边挨着新梅工业区，全村户籍人口 2200 人，其中 60 岁以上老人 630 人。住在村里的，除了这些老人，就是大量外来租客。在热闹拥挤的吴介巷，村民老龄化更是突出。子女不在身边，不愿离开老宅，担心住养老院贵，还怕有损子女面子，这些是近郊农村老人养老面临的问题。

这个长者照护之家就隐在吴介巷密密的农宅中，由村集体回租村民一栋三层闲置小楼和几间辅助房，并按照养老机构设计标准进行适老化改造而成。除了保留农宅风貌和本地乡土文化，项目还委托民营同康医院参与管理服务，有两位专业医疗人员常驻，为老人提供 24 小时医疗保障服务，同时项目还兼顾了日间照顾、老年助餐、邻里互助、志愿帮助等功能。为了尽可能降低老人们的入住费用，项目目前对吴介巷村民的收费标准是每月 2800 元，包括床位、吃饭、洗衣、护理等各项费用。

对农村老人来说，这个费用标准到底高不高？唐阿姨说，去年，老伴去世，她身体不好，无法一个人生活，但两个女儿住得远，平时还要上班、照顾小孩，所以自己主动提出入住养老院，但考察了几家养老院之后，要么是没有床位，要么是费用高，最便宜的地方也要 4500 元、6000 元一个月……去年底，听说吴介巷办了"养老院"，两个女儿带着母亲来实地看了几次，十分满意。于是，唐阿姨就成了这里的第一批入住老人。不过，因为唐阿姨并非吴介巷的村民，所以入住费用略高，为每月 3500 元。"我的养老金每月有 3600元，家里 86 平的房子已经挂牌出租，也能有每月 3000 到 3500 元的租金，所以，并不需要子女贴钱！"

"养老院"负责人钱文才告诉记者，农村老人入住养老院，最怕增加子女的经济负担，而永联村不少老人已经动迁，自己每月养老金大约在 2000 多元，同时，村里房屋出租十分紧俏，一个 10 平方米的房间租金在 800—900 元，一栋农家小楼大约有 10 个房间，租金十分可观，即使这些都算是子女的收入，老人一旦入住养老院，他们原先住的底楼两三个房间就可以空出来，也能换得两三千元的租金收入，那么，用来支付入住"养老院"的费用也足够了。

老夫妻双双入住，图的是什么？

记者看到，为了方便老人们上下楼，这栋三层小楼还特地加装了电梯，老人们日常经过的走廊墙边，都安装了钢管扶手，每个房间有两个床位，床上被子叠得整整齐齐，床头柜上摆着茶叶、杯子等物件，墙上则贴了老人外出游玩的照片。不管是房间里，还是卫生间，都基本做到了一尘不染，整洁明亮，没有一丝异味。"刚来时，农村老人各有各的叠被法，一个个床上花样百出，后来，在护理员的耐心指导下，大家都叠成了一个样……"钱文才笑着说道。

在主楼旁边，还分布了医疗站、助浴室、活动室、厨房、餐厅等，满足老人们日常各种生活所需。平时，老人们洗澡，都有护理员在旁帮助。对于每位老人有什么慢性病、平时吃什么药，一直默默陪伴在旁的护士长潘飞英都清清楚楚，随问随答。一张文化生活表显示，老人们每月的文化活动也是精彩纷呈，包括义诊、健康讲座、自制汤圆、插花、画团扇、手牵手过六一等。

中午11点，老人们在护理员带领下，陆续前往主楼旁边的餐厅用餐。当天中午的菜，有红烧小排、炒蒜苗、炒冬瓜、番茄蛋汤。"每天菜式都不一样，很清爽，量也足，不少老人反映，吃不完，少盛点。"正在吃饭的盛龙英阿姨告诉记者，自己今年82岁了，一个月前带着52岁的儿子入住这里。几年前，儿子出过车祸，腿脚不便，之前，她一直在家烧饭照顾儿子，到了这里，老人省力多了，既不必再亲自煮饭烧菜，也不用帮儿子洗脚、穿袜子了，这些都有护理员帮忙，自己在旁边看着就行。

吃完午饭，老人们有的散步，有的看电视，有的坐在走廊里晒太阳、聊天。此时，盛阿姨和儿子的跟前，多了一位中年女性，三人围坐在一起小声说话，原来，是老人的女儿来看他们。而84岁的张阿婆，也看到自己儿子走进了院子。据介绍，张阿婆就是吴介巷人，自家房子离这儿几步远，儿子也住在旁边，但老两口都选择了入住养老院，"我们身体不好，住在这儿，图个方便，有人照顾，每天热闹，儿子也可以就近看望"。当天，张阿婆的老伴吴老伯还

"请假"外出了，去看望一位生病的亲戚。

吴介巷模式，其他村子能复制吗？

"现在，'养老院'白天很热闹，许多老人还在观望，其实心里都想来。"永联村党总支书记吴子明告诉记者，目前，这里已入住12个老人，日常工作人员7位，不谈前期投入的近500万元，每月运营要亏1万元左右，如果入住人数达到20人，就能基本实现盈亏平衡，若28个床位全部住满，会略有盈余，"但我们不是为了赚钱，主要是为了让村民就地养老，生活称心，老有所乐"。

最近，听说永联村办了一个"养老院"，远近不少村纷纷前来考察，希望能复制这样的就近养老模式。对此，梅陇镇党委书记杨建华表示："在之前的大调研中，我们充分了解到农村百姓的养老难题，所以筹划建设了吴介巷养老项目。今年，梅陇镇将结合乡村振兴战略，依托吴介巷试点的经验，在本镇农村化地区或农民相对集中地区，再建设1到2家农村版的长者照护之家，让生活在梅陇的农村老人分享地区发展的成果，享受专业化、高品质的养老服务。"

(原载《解放日报》2019年4月1日)

印象梅陇

梅陇镇众欣产业园区扬长避短，
走出存量土地转型开发新出路

——以"再建一座城"的决心，让"城中园"绝地重生

从车流不息的虹梅南路转进兴梅路，这里颇有几分闹中取静的感觉，梅陇镇众欣产业园区正位于此。这是一个被城市"包围"的镇级产业园区，高能耗、低产出，众欣与上海众多处在相似环境中的产业园区一样，面临着何去何从的问题。

平静的背后总是酝酿着波澜。在发展的大趋势面前，梅陇镇拿出了破釜沉舟的勇气，做"第一个吃螃蟹的人"。众欣产业园将迎来一场具有标杆意义的全方位转型——这是全市首家存量土地整体转型的园区。未来的众欣将蜕变成为聚焦智慧医疗、IP 设计等现代产业的创新型"智慧产业社区"，并有望成为梅陇的新地标。

更具意义的是，在上海建设用地规模接近极限的大环境下，众欣的整体转型将为众多存在相同问题的产业园区提供转型发展范本。

变换车道：用转型谋出路

东至虹梅南路，西至梅陇港，北至春申路，南边界普乐路以西

至梅南路、普乐路以东至祝家塘民宅，总占地约 450 亩，就是众欣的所在。

从 2014 年开始就担任众欣公司总经理的沈国兴告诉记者，众欣产业园区成立于 1995 年，20 多年的发展中也曾经历过辉煌："众欣曾经拿到过上海第一批文化产业园的牌子，每年也能为镇、村提供 1.8 亿元税收和 5000 万元左右的租金收入，曾经是梅陇镇一块响当当的牌子。"

但是，随着梅陇地区的城市化飞速发展，现在的众欣已显得格格不入。分析下来，众欣所面临尴尬状况主要有两个，既有"内忧"，也有"外患"。

众欣园区的用地性质为工业用地（195 国有存量工业用地），目前，园区内的企业主要从事印刷、纺织服装等行业，且企业规模都不大。以当前的标准来看，园区企业产值和单位土地产出较低，但能耗却远高于梅陇镇全镇平均水平，带动的就业和生态环境等综合效益也相当有限。这是"内忧"。

另外，从地图上不难发现，众欣园区已被一众住宅小区重重包围。据统计，该区域周边约有 10.3 万人口，再发展大规模的工业生产显然不现实。而园区内的生产厂房、仓库、配套办公楼等，大部分建筑与所在区域的整体发展形象不符。这是"外患"。

"内忧外患"下，众欣园区似乎已经与梅陇的城市化进程脱节。但在梅陇镇党委政府眼里，众欣却是一块潜力巨大的"宝地"——区位条件上，众欣园区处在梅陇镇中部的核心位置，位于闵行区"十三五"规划的"城市联动发展轴"上，北接大虹桥商务区及漕河泾开发区，南接"大滨江"、"大紫竹"产业区，周边有多个重要产业园区与商务区。

交通条件上，园区紧挨着虹梅南路与虹梅南路高架，1公里范围内可达外环高速和银都路主干道。距离正在建设中的轨交 15 号线站点只有 750 米左右的距离，距离最近的轨交 1 号线莲花路站约 3 公里。

生态环境方面，众欣园区坐拥西侧梅陇港、南侧春申塘两条河流，紧邻外环绿带梅陇段更是一大独特优势。若园区进一步完善各类服务设施，也能与周边居住社区共享，促进产城融合。

在谨慎调研的基础上，梅陇镇党委政府提出了大胆设想：申请调整控制性规划，改变土地性质，不搞工业生产，转而发展商办科研，把众欣打造成一座现代化的产业社区。

紧扣政策：让土地焕发新生

转型的路不好走，对众欣来说更是难关重重。"其中最难的一关，莫过于调整控规。"梅陇镇副镇长任伟萍说。

土地的用途要从工业调整为商办、科研，意味着众欣地块需要申请调整控制性详细规划。控制性详细规划是规划部门根据城市总体规划的要求，用以控制建设用地性质、使用强度和空间环境的规划。

调整控规是一件高难度、低成功率的事，如果没有政策依据、没有完善的项目规划，很难得到规划部门的支持。好在，像众欣这样的存量土地转型，上海在政策上给予了支持——为应对资源环境"紧约束"的挑战，同时积极推进全球科创中心的建设进程，市政府陆续下发《上海市加快推进具有全球影响力科技创新中心建设的规划土地政策实施办法》（沪府办〔2015〕69 号）、《关于本市盘活存量工业用地的实施方法》（沪府办〔2016〕22 号）文件，推动创新驱动发展、经济转型升级，提高土地利用效率。

经过梳理，众欣园区的用地性质为一类工业用地，属于 195 国有存量工业用地，综合容积率 0.79，符合 22 号文及 69 号文的转型适用范围。这为众欣的转型计划奠定了基础。

但由于没有先例，实际操作起来依旧困难重重。梅陇镇经发办的一名负责人全程参与了制定众欣转型规划的全过程。他告诉记者，2017 年转型工作启动，那一年里各方在一起开了不下 40 次会议。"在众欣之前，上海还没有这样的转型案例，遇到的问题对我们、对市规土部门来说都是新问题。所以要一遍又一遍修改规划方案，不断地与主管部门沟通协商，就像摸着石头过河。"

在闵行区经委，区规土局等单位的帮助下，梅陇镇经过多轮讨论汇报，根据区域转型相关政策完成了众欣项目转型升级方案和区域详规调整方案，从规划的角度锁定了区域转型所有要素，这个过程也得到了区镇两级政府的大力支持。

功夫不负有心人，2018 年 11 月，上海市规土局下达调规任务书，今年 2 月 1 日完成规划调整方案公示和公告，2 月 15 日闵行区规土局召开规委会评审，基本锁定规划参数，正式批复预计将在近日落地。根据调整后的规划，众欣园区内的工业用地全部调整为科研、商办等用途，并将提高容积率、扩大建筑面积，大大提升土地的利用效率。

"众欣的转型契合了上海存量土地转型的精神，优化了城市空间，聚集了优势产业形成产业链，并融入了产城融合的理念。"上海市规土局详规处给予了众欣转型项目这样的评价。

化零为整：形成合力破瓶颈

另一个摆在众欣面前的难关，是复杂的土地权属关系。

任伟萍告诉记者，众欣园区的存量工业用地共涉及土地面积383.8亩，共有大大小小的土地权证25份。其中，镇级集体企业名下有17份，共243.7亩，社会独立法人企业名下有8份，共140.1亩。"不少权证上只有3亩、5亩土地，等于把土地资源都拆散了。"任伟萍说。

把小而散的土地产权"化零为整"，进行整体转型，是关键的一步。其中17幅镇级集体企业名下土地中有14幅197.1亩涉及转型，这14幅土地分属8家镇级集体企业，在梅陇镇政府的协调下，这8家企业共同组建联合开发体，成立上海一鑫置业有限公司，以园区平台公司方式推进转型升级，由一鑫置业统一产业定位，统一功能布局，统一规划实施，统一城市设计和统一管理运营。

而另外8幅社会独立法人企业名下的土地，众欣提出的模式是政府搭平台，由企业按照整体规划布局进行自主转型，或者企业也可以选择由一鑫置业收购土地权利进行转型。这家企业是北控医疗下属全资子公司，而北控医疗在医疗健康、金融投资、新型产业园开发等领域具备丰富的经验和资源。经过充分的沟通协调，秋雨印刷制定了《秋雨地块转型方案》，并承诺严格遵循众欣园区整体产业定位、功能布局和城市总体设计，在严格按规划实施的前提下拟申请自主转型。

这样的模式保证了园区转型的整体性，也保障了众欣转型的良好前景，这一点也已被园区企业所看好。目前，园区内8家企业中的秋雨印刷（上海）有限公司率先提出转型申请。

不仅如此，在梅陇镇政府主导下，众欣转型项目还通过增资扩股的方式引入区资产经营公司与华鑫置业（集团）有限公司（市属国企上海仪电（集团）有限公司下属全资子公司），形成联合开发机制，发挥三方的协调、统筹及专业能力。

未来地标：三心一环四组团

控规落地，参数出来，土地折价，产证办出……一系列转型之举之后，一张蓝图已经清晰地展现出来，这里有百米的高楼，有智慧友好的产业社区，更有美好发展的未来。

任伟萍说，随着梅陇的城市化发展，土地资源越来越稀缺，而众欣的地理位置优势越来越凸显。众欣的转型目标，是打造城市功能完善、产业聚焦、产城融合、绿色发展的产业社区，致力于成为闵行建设上海南部科技创新中心核心区的重要支点，未来的众欣产业社区，将成为梅陇的新地标。

未来众欣产业社区的规划结构，可以用"三心一环四组团"来概括。作为虹梅南路科创轴的战略支点，众欣产业社区将在园区南部设立服务共享中心，增加商办商务功能，西部设置文化交流服务中心，东部结合商业综合体设置商务服务中心。其中文化交流服务中心将提供会议、展示、交流功能，服务共享中心将提供社区医疗、邻里中心、社区体育等功能，这些功能都将向园区和周边社区开放，企业员工和社区居民都可在这里餐饮、购物、健身、文化休闲。

"一环"则是一条宽度不小于 40 米的共享服务环。这条共享服务环由公共绿地、内部开放空间、公共通道等开放空间共同组成，共享服务环将串联起外环公园、梅陇港、社区生活服务平台、商业综合体等节点，成为园区人群活动、交往、共享的重要平台。同时，由步道、空中连廊、滨水绿道等构建的慢行网络也已完整规划，有水、有绿、有景，让这座智能产业社区更加生态宜人。

在产业上，众欣产业社区聚焦 IP 设计、智慧医疗、智造研发及商务发展四个产业组团，引导产业集聚发展。目前有中控集团、冠捷科技、武汉多肽集团等企业已有意向入驻产业社区。根据预估，项目企业入驻后，众欣产业社区每年可贡献税收3亿元至5亿元，吸引约6000名高素质人才，并能有效解决所在地区在公共服务设施方面的短缺。

任伟萍和沈国兴都是土生土长的梅陇人，在交谈中，记者感受到他们对于众欣投入的满腔热情。任伟萍把众欣转型的过程，比作培养一个孩子成长；沈国兴则年近六十，他将众欣视作退休前必须站好的最后一班岗。和他们一样，梅陇镇的各级干部都对众欣转型全情投入，令人对众欣的未来更加期待。

"我们把众欣的转型比作鹰的重生，重重磨难后才能焕然新生、翱翔天际。"任伟萍说，今年年底众欣的一期转型项目就有望打下第一根桩，经过3年左右的建设，相信众欣不仅能够"重生"，而且肯定能"飞得更高"。

老鹰重生，需要勇气更需要底气
——梅陇镇党委书记杨建华答记者问

闵行报：梅陇的众欣产业园区转型为什么这么难，这么久，对梅陇又这么重要？

杨建华：在一块产权归属不一，土地性质多样的四五百亩土地上，进行二次开发、整体转型，需要做的事情太多，它不仅涉及规划调整、土地变更、项目设计、管理运行等，还涉及企业利益的平衡和政策空间的突破。在这个过程中，需要我们打破传统思维，有一个"再造一座城市"的决心，去梦想、去实现。

可以说，众欣园区的转型，好比是脱胎换骨，老鹰重生，这绝不是随便刷刷墙头，倒腾几家企业就可以完成的；当然，它的价值也不只是换几家企业而已，可以说，今后若干年，这里将是梅陇的新地标，是梅陇一张闪亮的产业名片。

闵行报：这一步迈出来，很不容易，梅陇镇靠什么做成这件事情？

杨建华：像众欣这种整体转型的案例，在梅陇历史上没有先例，在上海和闵行也找不到可以复制的模板。敢于迈出这一步，关键是转变发展理念。转型发展不能走一步看一步，而是要从历史的纬度中把握发展趋势，从哲学的角度中把握发展逻辑，并结合梅陇的发展特征、特点、特色，判断当下应当做什么、怎么做，这是梅陇实现高品质、高质量发展的前提。

我们5年前就开始酝酿众欣园区转型，当时很多干部都认为：梦想很美好，现实很残酷。之所以能够走到今天，除了市、区领导和各职能部门的关心支持，我想还是因为我们敢于梦想、敢于坚持，把不可能变成可能，把我们昨天和今天想到的变成我们明天看到的。

闵行报：是什么让你确认转型必然会成功？

杨建华：我认为，成功源于改变。"不破不立"，"破"是破除旧思维、破除旧格局；"立"是立新理念、立新结构。

首先是发展的节奏加快，倒逼我们改变思维定势。比如，梅陇的"一路一带一线一廊"等重大市政工程的建设，不仅改变了城市面貌，也改变了我们的思维模式和工作标准。

其次是发展空间的腾挪，倒逼我们对梅陇未来进行深度思考。这几年，我们让2800户农民上楼，搬走四五千家小企业，加上"五违四必"整治，腾出1500亩可开发土地。现在外环生态工程梅陇段，5000亩土地，十大公园，好比一块碧玉镶嵌在其中，在一个基

力波创意园区

众欣园区

本实现城市化的地区，做到这点是非常不容易的。正是在这个过程中，镇两委班子思想高度统一，选择调结构、调业态，提出品质优先，整体转型。

闵行报：你怎么认识众欣产业园区调整的价值？

杨建华：一个地区的产业结构往往决定着它的城市结构和空间线条，有什么样的产业结构，就会有什么样的城市面貌、城市功能、城市品质，这两年梅陇能够在创全社会测评中多次获得第一，就是这个道理。这就是产城融合，产业结构升级了，人文环境改善了，必然意味着城市温度的提升，而这种温度必将覆盖到城市的每个角落。

众欣产业园区转型之后，我们要坚持一张蓝图干到底。按照镇党委提出的北优南拓的发展战略，众欣的转型将在梅陇中心位置树立一个标杆，并对南部地区的发展起到抛砖引玉、示范引领的作用。我们将用3—5年时间，按照上海市2040规划来定位，同时呼应南滨江开发，总之下一轮发展，我们要把跑道抢在前面。

闵行报：经历了这一次转型，你有什么想法？

杨建华：做事情好比篆刻，讲篆法、章法、刀法，关键在谋篇布局，"刀法背后有笔法，透过刀锋看笔锋"。在这轮转型中，梅陇花了大力气，倒逼干部挖掘潜力，把干事创业的激情真正释放出来，再把视力变成眼力，把能量变成能力，事实证明，这是有效的，而且是必需的。人才人才，人是一样的，才是不一样的，主动发现干部，大胆培养干部，把干事的人用好了，就一定能够干成事、干好事。

（原载《闵行报》2019年6月7日）

站高一层，看远一步，
踏石留痕为梅陇发展留下美好遐想

一、干工作只抓"369"的时代已经过去了

闵行报：立足补短板、破瓶颈，梅陇发展的核心理念是什么？

杨建华：梅陇镇 2000 年"撤二建一"后，一直在转型发展的道路上探索。2011 年以来，梅陇镇党委、政府围绕闵行区委、区政府工作主线，不断更新理念，明晰转型发展的目标、战略和定位。简单讲就是三句话。

一是确立"北优南拓、双轮驱动"发展战略。"北优"就是优化北片的产业布局，全面提升现代服务业发展水平；"南拓"就是进一步拓展南片发展空间。"双轮驱动"就是在加快现代服务业的同时，发挥梅陇工业基础优势，大力发展都市型先进制造业和生产型服务业，培育梅陇新的经济增长点。在此基础上，2015 年，围绕"一路一带一线"重大工程建设，制定了新一轮转型发展战略构想，对区域发展的定位、空间布局、产业结构等重大问题提出展望和安排。

二是确立建设"宜居、宜商、宜业"梅陇的目标。加快提升城

市功能和智慧梅陇建设，致力于生态环境保护。

三是培育"人文、灿烂、卓越、和谐"的城市精神。发挥海纳百川的包容精神，培育梅陇文化品牌，营造和谐氛围。

闵行报：这些理念大概多久能够变成现实？

杨建华：这些目标肯定不是短期内能够完成的。我们首先要做的是看准问题，找到目标，然后增强工作的方向感，不搞零打碎敲，而是要统筹兼顾。

"十二五"我们定出目标，"十三五"我们聚焦短板，应当说有突破口，但做不完，如果把"十四五"的定位放进来，工作才有持续性，才能够站在系统角度，登高望远，这是大局意识，也是政治意识。

今天我们只争朝夕地干，但同时也要为后人留下资源、留下空间和理念，留出遐想来。干工作只抓"369"的时代已经过去了，不能算小账，而是算大账、算总账、算长远账。

闵行报：基于什么样的问题提出来这些思路的？

杨建华：梅陇发展到今天，迎来了一个重大机遇期，也是转型期，说"老鹰重生"也好，说"破茧成蝶"也罢，总之是到了必须破釜沉舟、锐意转型的时候了。此时，对于存在的问题，必须勇于面对、全力突破。综合起来，主要是四个方面：

一是经济发展大而不强，经济总量虽大，但含金量不高；二是产业结构华而不实，过分依赖房地产和仓储业，缺乏高、精、尖龙头企业，产业结构亟待优化；三是城市建设快而不精，城市化进程虽然很快，但城市建设还缺乏亮点；四是社会治理粗而不细，社会治理短板较多，城市管理比较粗犷化，精细化水平还不高。

二、让这片土地宜居宜商宜业，我们必须不停步

闵行报：面对问题，梅陇准备从哪些方面入手解决好这些问题呢？

杨建华：工作方向、目标明确以后，工作方法很重要。我们说，朝三暮四，或者朝四暮三，加起来都是七，但是工作的成效可能就会完全不同。再进一步说，做任何事情，都要有自己的价值取向，做成一件事当然也算成功，但一举多得效果会更好。

闵行报：梅陇过去几年工作力度不小，集纳了闵行区内最多的重大工程，成功关闭了西南、红都、毛家塘等多个低端市场，还有包括永联村、许泾村很多工作亮点推出，是不是都秉承了这样一种思路。

杨建华：从系统角度看梅陇发展，我们必须这样做。过去5年，梅陇因为滨江控规，没有造一幢高楼，唯一的城开中心也是5年前开始造的，但这两年，我们拆了250万平方米违法建筑，仅2016年就动迁1200户居民，非居700多户，空间腾出来了，谋发展仍是重中之重。

在这个过程中，我们首先想到的是处理好各类关系，比如业态与存量的关系，有了空间，存下来的量怎么盘活，留下来什么，怎么样把不适合的业态挤出去，我们专门制定了项目管理清单，或禁止、或淘汰、或转型、或升级、或鼓励、或培育，做到心中有数；资源与企业的关系，资源太过分散，投资方向必然迷惘，实体经济仍旧苍白。梅陇现在已经有4个亿元楼，但是园区当中，园区与企业，企业与企业之间，从长远发展看必须搭建有效平台，促进资源互补、优势互动、合作共赢；实体与楼宇的关系，一个城市，没有实体经济支撑，是缺乏底气的，你做不到产城融合，实现不了和谐

稳定，也得不到这里居民的热爱。当前，梅陇实体经济含金量并不太高。作为一个人口导入区，要让这里的居民安居乐业，让这片土地宜居宜商宜业，我们必须不停步、向前冲、不回头！

三、用温度、力度、精度，体现梅陇速度

闵行报：做到这些，目前有哪些抓手？

杨建华：今年我们主要从"四个依托"入手抢抓机遇。一是依托"两个统筹"，就是充分用好闵行区委、区府提出的统筹区域经济发展平台和统筹城市发展平台，不断优化产业结构，力争社会治理没有盲点，经济发展消灭死角。二是依托"一路一带一线"等重大项目，加快区域发展。保障虹梅南路高架竣工和外环生态工程顺利推进，做好轨交12号线联动地块，15号线梅陇段沿线前期基础开发。三是依托交通路线建设和水环境治理，提升城市基础功能，建设生态宜居梅陇，路是城市的毛细血管，水是城市的灵魂，河清水美路畅是我们的目标。四是依托"大滨江"项目，谋划利用"大滨江"开发的机遇带动梅陇南部的发展，真正将"大滨江"的资源用好、用活。

闵行报：在梅陇，我们一直听到一句话，"大格局、小手笔、大作为"，"大格局、大作为"很好理解，"小手笔"从何讲起？

杨建华：事谋定而后动。梅陇发展，目标理念方向定下来后，干是关键。这就好比写幅字、刻方印，如何做到大处着眼、小处入手，再积小胜为大胜，实现满篇精彩，道理是相通的。

拿我们今年的市、区级重大项目来讲，以前我们是一个项目接着一个项目地开发，项目之间没有呼应，更没有互动。现在我们是"八大基地"滚动推进，同时开发，这些项目包括轨交高架、道路

建设、绿化工程、城中村改造等等。目的就是集全镇之力，统筹各类政策、资源、项目、人员，把优势及时用足，把"战场"拓展成"战区"，通过成功一个个小手笔，换来满盘大精彩，求得大作为。当然，这样的做法有风险，也有压力，但只要我们上下一心，必然会为梅陇下一步发展赢得时间、换来空间。

闵行报：这样做，对梅陇干部会带来很大压力吧？

杨建华：事在人为，不倒逼自己，不自我革命不行，干部干部必须干在先、做在先、带头在先。我们特别倡导四个度：一是温度，希望大家带着激情工作；二是力度，加强监督问责，提升工作执行力，保证工作规范化、程序化；三是精度，做到对症下药，精准施策；四是速度，有了温度、力度和精度，就能体现梅陇的速度。

四、久久为功，让文化提升梅陇人的心灵颜值

闵行报：如果把梅陇比作一个人的话，您觉得梅陇处在什么样的阶段？

杨建华：梅陇正在成长的过程中，慢慢变得成熟起来。每个人都在成长，但成长不等于成熟，一个人只有具备健全的品格、健全的心智，才是成熟的关键。对一个城区来讲也是，梅陇发展中有很好的积淀，形成了自身的特点，但我们仍旧处在成长与成熟的转换期，把特点变成特征，更好地树立梅陇品牌，凝聚梅陇精神，打造梅陇文化，梅陇会一点点变得成熟起来。

闵行报：这也是梅陇在文化建设上下很大功夫的原因吧？

杨建华：确实这样，经济是体，文化是魂，一个城市经济再强再好，都离不开背后的文化，可以说社会治理也好，城市功能提升也好，都需要文化的力量，只有将这种力量辐射在这个城区里的每

一个人，让居住在梅陇的每个人都变得优雅起来，我们谈的核心价值、做的"创全"工作，包括其他方方面面的工作才会变得水到渠成，自然而然。这几年，梅陇创办"一报一杂志"，在这基础上制定了《人文梅陇丛书》五年行动方案，今年已经进入到第3个年头，通过发动居住在梅陇的文化人，带动所有的梅陇人爱书、读书、写书，打造"书香梅陇"品牌，我相信久久为功，一定会让梅陇人的心灵因文化而变得更加自信、强大起来，梅陇也会因文化的滋润而变得成熟起来。

闵行报： 在梅陇今年的工程中，还有什么特别重要的地方值得一说的？

杨建华： 我想就是学习吧。学是理解，习是修炼，做靠智慧。学是前提。今年梅陇将以党建服务中心为载体，深化"促学"工作，开展万名党员大培训，力争把党建服务中心打造成"家门口的党校"，使之成为全镇10827名党员促学的平台，广大青年党员、志愿者服务群众的舞台，党员讲师团开展党性教育的讲台，区域党建和基层党建项目化优秀案例的展台。不断优化区域党建格局、强化干部队伍建设，推进"五化一体"向基层延伸，抓好党风廉政建设，这将是梅陇持续发展最坚实的基础和动力。

闵行报： 谢谢您接受我们的采访，祝愿梅陇明天会更好！

南方商务区年底前将"脱胎换骨"

空中连廊飞架南北，四通八达；周边道路全力打通，南北绿化竣工在即，城开中心开门纳客……记者从梅陇镇了解到，随着一系列重大工程节点的推进并逐渐收尾，南方商务区将在2017年底前有一番脱胎换骨的变化，届时各类业态交错发展，商业商务齐头并进，世界 500 强开始进驻，市民熟悉的南方商场将展现出一个更加全新的面貌，并将以更大力度聚焦起人流、客流、财流，成为上海西南地区的商务重镇。

空中连廊将商务区连成一片

记者了解到，全长约 1200 米的南方商务区空中连廊是浦西最长的空中连廊，目前工程已完成 70%，连通龙城国际至莲花国际的桥面已全部连通，工程整体预计将于 2017 年 10 月完工，年底即可投入使用。

建成后，城开中心、南方友谊商城、莲花国际等商业体将连成一片，改变过去各管各、碎片式发展的模式。市民通过空中长廊就可以自由穿梭于地铁站、周边商务楼宇和商业广场之间，既不用等待红灯，又减少了路程，实现"零转换"，将节约时间成本。

除了空中的交通配套外，南方商务区在路面交通配套上也下了功夫，对商务区内道路进行全面升级扩建，将目前是单行线的万源路扩建为双向四车道；新建闵虹路、延伸合川路与闵虹路贯通。这些市政工程将大大缓解南方商务区交通拥堵的现象，提升周边交通效率。

150 米高城开中心成新地标

在市民一贯的印象中，南方商城无非就是 1 号线莲花路地铁站对面的南方友谊商城和莲花国际，鲜有人注意南方友谊商城对面的商业新地标——城开中心。

记者了解到，城开中心是一个商务综合体，由三幢 150 米高的高品质写字楼、一个 15 万平方米的商业广场和 5 万平方米的高级酒店组成。

据城开中心方面负责人介绍，三栋写字楼已全部竣工，正在进行招商工作。目前，企业入驻率达六成以上，很多都是世界五百强企业。在未来规划中，还将引进动漫、电竞等产业，打造集研发、销售、创意、发布于一体的动漫城。城开中心方面负责人还表示，在未来的酒店建设中，还将准备打造一批动漫、竞技主题的房间，延长产业链。

据悉，城开中心的商业广场年底前即可开业。它的商业定位与原先的南方友谊商城和莲花国际等传统商城有所不同，将更多的定位成一个满足多样化需求的时间型消费场所，是一个能让顾客停留上一天的地方，而不仅仅是一个物质消费场所。这样一来，两者之间不会产生冲突，反而能在商业上产生一定的互补促进作用，吸引各层次的消费人群，繁荣整个南方商务区。

8 万平方米城市公共绿地年底完工

梅陇镇重大办的负责人告诉记者，位于城开中心两旁的 8 万平方米城市公共绿地将于年底前完工。整个城市公共绿地分为南、北两块，分别为 5.9 万平方米、2.8 万平方米。据了解，公共绿地中还将建设下沉广场、市民演艺舞台、七人制迷你足球场、景观健身步道、亲水平台等设施，供市民健身娱乐。

南、北城市公共绿地建成后，商务楼里办公的白领、居住在附近小区的居民、前来购物休闲的商场顾客，都可以通过空中连廊，在茶余饭后去公园散步观光，将极大的提高附近居民、白领的生活和工作品质。

值得一提的是，为了缓解商务区停车难的问题，城市公共绿地附近还将建设一个以密植绿化结合草坡形成绿化界面，有效减少噪音对办公干扰的生态公共停车场，预计年底前即可完工投入使用。

树形态出形象未来幸福给力

今年梅陇镇重点工作任务共有 6 大类 65 小项，比去年还多出 20

多项，包括各类在建或即将开工的项目工程，在推或即将落实的动拆迁、整治、民生工作，任务量大、难度高，但梅陇镇相关负责人表示，这既是挑战，也是机遇，梅陇镇一定会知难而进、迎难而上，把握住机遇，实现发展和突破。这些项目包括：

一路一带一线 保障虹梅南路高架竣工，推动虹梅南路沿线环境综合整治。完成轨交 15 号线梅陇段项目工程及沿线的动迁腾地，配合工程全线开工。完成外环生态专项工程梅陇段动迁腾地，配合做好土地出让和绿化建设。

其他市政建设 配合推进南方商务区连廊项目，保障竣工。推进 209 地块初中、晶城大居规划初中和森安苑、金都路、359 地块幼儿园等教育事业项目开工建设；完成银泰苑幼儿园、梅陇小学（罗秀路校区）整体大修、局部修缮及中小幼暑期维修工程；推进罗阳中学改扩建工程。推进曙建养老项目建设和陇西养老地块项目改造。完成"益梅小院"市民公益空间和文化客堂间建设。完成春申、罗阳片区"邻里中心"，推进森安苑社区服务中心和森安苑社区配套商业建设。

路道建设 配合完成平阳路（合川路-万源路）、合川路（古美西路-顾戴路）、龙州路（业祥路-朱梅路）等路段的竣工收尾，确保通车。配合完成景洪路、华济路、景东路、伟业路、华展路、务本路、曙东路、莘朱路 8 条道路前期手续办理，年内确保 5 条道路开工。推进梅富路、平驰路等 17 条道路动迁腾地及相关手续办理。

绿化建设 完成吴泾工业区转型升级二期绿化项目动迁腾地，配合推进二期绿化建设。配合推进龙吴路绿地改造。推进南方商务区北侧公共绿地和停车库建设。完成许泾 198 区域土地减量化整理复垦项目 6.68 公顷。完成合川路等道路配套绿化和金都路地块绿

杨书记在"美丽乡村"建设现场

地建设；完成澄江路、梅陇休闲苑、莲花河畔绿地等绿化林业整治项目。

水系建设 全面完成28条黑臭河道整治、16条"断头河"打通任务。完成丰盛河专项整治一期、二期工程前期动迁腾地，确保项目竣工。继续扩大农村生活污水收集处理的覆盖面，做好农村截污纳管。完成莲花新村等3个小区雨污分流改造、绿梅公寓等4个小区二次供水改造。推进河道养护市场化管理，扩大"河长制"涉及河道范围，做到市、区、镇、村河道全覆盖，加强长效管理，巩固提高水环境质量，确保河道"五违四必"整治后成效。

两个美丽 城市化地区是以"四个美丽"建设为抓手，推进住宅小区综合治理三年行动计划，完成6个示范小区、24个提升版及29个基础版小区的创建。农村地区以"美丽乡村"建设为抓手，通过"5+1"，即"绿、路、水、电、房"及软件建设，完成许泾村"美丽乡村"示范点建设，以点带面，辐射周边，推进多个自然村宅的"美丽乡村"建设。

文化方面 通过开展"一路一带一线"、"文化领军人物"、"人文梅陇"系列活动，打造梅陇独特的人文精神和文化品牌。推进"文化名人工作室"建设，完善工作制度、培育文化团体，以文化名人为榜样，将文化融入社会治理。完善行西、曹中两个"文化客堂间"升级版的建设工作，新建集心、许泾两个"文化客堂间"。

（节选自 2017 年 2 月 23 日《撸起袖子加油干——2017 年闵行街镇工业区"一把手"系列访谈集》）

抓好"三支队伍"换届"少走弯路"

2018年是基层党组织换届年，是党的十九大后的首次换届，意义深远，责任重大。3月6日全市启动居村党组织领导班子换届工作，3月12日闵行区开展了动员部署，3月16日梅陇镇召开换届动员部署暨换届培训会，全镇居、村、机关、企事业单位、"两新"党组织书记、专职副书记、党务干部共200多人参加会议。

此次梅陇镇93个基层党（总）支部将全部进行换届选举，各支部情况不同，换届工作体量大，为稳妥有序推进工作，确保换届顺利圆满，镇党委紧紧抓住"三支队伍"，牢牢把握换届工作的主动权和话语权，防止换届中出现走偏路、弯路现象。

抓老干部、老党员，组建"监督员"队伍。老干部、老党员是党和国家的宝贵财富，他们为各项社会事业做出过重要贡献，在党员、群众中有着极高的威望。梅陇镇历来重视老干部、老党员，通过建立镇情通报例会制度，定期主动向他们通报全镇大事、要事，使他们在各项工作中发挥积极作用。此次换届，镇党委将老干部、老党员纳入工作主体，邀请他们成为换届工作"监督员"，营造良好的换届选举氛围。首先，组建"监督员"队伍，选取身体条件好、群众威信高的老党员、老干部成为"监督员"，结合近期开展的大调研工作，召开了 3 场专题研讨会，通报换届工作前期调研情况，使他们了解换届工作的重要意义和面上情况。其次，明确"监督员"工作任务，邀请老干部、老党员对所在党组织换届工作进行全程监督，特别是操作流程规范性的监督，使他们以主人翁的身份参与换届工作。最后，建立监督反馈机制，要求基层党组织在换届工作中凡是遇到苗头性问题，都要和老干部、老党员商议，听取他们的意见建议，在有效解决问题的同时，借用老干部、老党员的政治影响力，带动基层党员群众积极支持配合换届工作。

抓居民区退休书记，强化"指导员"队伍。基层岗位上退下来的老书记，既熟悉居民区情况，又有着丰富的工作经验，是一座可待挖掘的"富矿"。镇党委顺势而为，整合资源，聘请党务经验丰富、工作热情高、富有创新精神的退休老书记作为片区党建指导员，以书记工作室为平台，通过在工作上"带"、在经验上"传"、在困难上"帮"，发挥老书记教师、军师、医师作用。一方面，点对点帮扶，通过新老书记结对，解决新书记缺乏换届经验的普遍性问题，由老书记参与结对点换届工作，点对点进行个别指导，全程为换届把好关。如南方一居党支部，小区情况较为复杂，之前的换届工作总是阻力重重，这次将结对退休书记纳入换届领导小组成员后，由老书记对调查摸底、宣传动员、组织公推等各项流程把关，工作推进顺畅有序，党员群众反映良好。另一方面，面对面会诊，通过书记工作室开放空间，解决换届工作中突发事项处置的难题，定期安排经验丰富的老书记坐诊书记工作室，以案例分析或答疑解惑等形式，给予基层相关指导，切实将问题消灭在"第一线"，消灭在"萌芽中"。

抓青年后备干部，备好"接班人"队伍。青年干部是基层战斗的生力军，承载着地区发展的希望与未来。梅陇镇从三个方面入手，抓好青年后备干部队伍建设，为换届工作备好"接班人"。一是专项培训提素质，以提升青年干部专业素养为落脚点，将以往碎片化的培训转化为系统化的培训，通过"送上课程、赶上前线、推上讲台"等多种方式，理论学习和实践锻炼双管齐下，全面锤炼后备干部的综合素质，打造高质量人才蓄池，为换届做好人才保障。二是搭建平台进班子，落实《推进"班长工程"三年行动计划》，分批分层选派、调任优秀青年干部充实基层班子队伍。目前，已下派16名40岁以下机关事业优秀干部至村居担任"班长"，其中村2名，居民区14名，占所有"班长"人数的24.2%。同时，为每个村配置1名40岁以下专职副书记，为居民区共配置38名40岁以下专职副书记，居、村正副职整体平均年龄由上一届的46.27岁下降至40.64岁。三是设置条件留空间，引导基层党组织进一步优化班子年龄结构，要求他们根据自身实际，在班子成员任职条件上设定年龄要求，为青年干部进入基层领导班子队伍留出空间。据统计，新一届居村班子候选人初步人选呈年轻化趋势。

动员会后的两周时间里，梅陇镇始终围绕加强党的领导、明确选人用人标准、优化班子结构、规范选举流程、严肃换届纪律、加强组织领导六个方向有序推进换届工作。目前，各基层党组织已完成公推直选的民主推荐，之后将进入了相关人选的审核考察阶段。梅陇镇将一如既往地做好各项工作，确保顺利完成换届工作任务。

（原载《组织人事报》2018年4月24日）

印象梅陇

走访更要走心　用心写好民生答卷

杨建华

　　这两年，我们通过每年形成一本《梅陇镇民生需求调查报告》的方式，为民生工作把脉，找准工作坐标。2018年梅陇镇的民生报告怎么写？没有调查，就没有发言权。我想结合大调研活动，到社区群众中去听听他们的心声。

　　我把调研的第一站放在了罗阳五居。之所以这样选择，一方面，是因为罗阳五居是一个老旧"微型"小区，小区的居民不足1600人，建筑面积5万平方米左右。这个小区也是梅陇众多老小区的一个缩影，居民的所想、所盼有一定的代表性；另一方面，我曾在两年前去这个小区蹲过点，和小区两委班子一道探索推行"党建引领下的小区自治"模式。这个模式能否复制和推广对梅陇今后进一步深化基层社会治理意义重大。而且，这个模式已经试点了两年，到了解剖麻雀的时候了。

　　调研是从走访社区老党员石子川同志开始的。石老伯是我五年前在镇党代会上认识的老朋友，不仅党性强、想法多，而且讲话直来直去，我很敬重他。在交谈中，他对居委工作如数家珍。他说，自从我们按照您提出的，在小区构建以"党组织为核心、居委为主导、业委会为自治、物业为服务，居民为主体"的工作格局以来，小区自治模式不断完善，面貌也焕然一新。特别是小区的物业管理费收缴率从原来的76%提升到了98.7%，彻底改变了两年前入不敷出，小区管理脏、乱、差的状况，居民的感受度和满意度正在不断提升。他建议党委、政府要更加关注微型小区的建设、管理和服务，同时能否考虑在"美丽家园"建设中，对维修资金不足的老旧商品房小区实施平改坡等工程上有政策的倾斜。

一路走访、一路聆听、一路交谈。在居民群众的言语中，我感受到了小区的变化，听到了他们的笑声、怨声和心声。从柴米油盐到衣食住行，从生态环境建设到养老问题。比如，居民杨励提出周边老小区居住老人较多，建议在小区周边增设公共厕所，为行动不便的老人提供便利。又比如，"彩虹妈妈"张灿红希望镇党委、政府进一步加大对"彩虹妈妈"工作室的支持力度，让更多"来自星星的孩子"得到关爱。我知道，这些都是他们对美好生活的向往，也是他们对我满满的信任与期盼，更是一张我们必须认真解答的沉甸甸的答卷。

调研是做好工作的一门必修课，也是密切党群关系、解决各类问题的一把金钥匙。调研也好、走访也好，关键要走心，这样才能打开群众的心锁，而民生试卷的答案就在人民群众的心中。

（原载《组织人事报》2018年5月3日）

建立社区微信"Yi"平台
探索社区党建引领下的社区治理创新

随着城市基层社区治理的日益繁杂和群众民主参与意识的不断增强，社区党组织如何通过党建引领，探索新形势下群众有序参与社区治理创新的渠道和途径，是实现社区治理创新、提升基层治理现代化水平的重要课题。为此，梅陇镇党委顺应"智慧党建"和"互联网＋"智慧社区建设契机，围绕有序扩大群众参与渠道和途径这个主题，抓住社区各类事务信息公开这个关键，整合各类服务资源，利用微信公众号这个载体，开发建立了一套社区服务云端智能管理服务平台——社区微信"Yi"平台，提高群众参与社区自治、共治的热情和能力，推动社区治理创新。

"Yi"平台以社区范围内的党建、居委会、业委会与物业管理、平安建设、便民服务、文明创建等工作为主要内容，形成了有序引导群众参与社区自治、共治的新机制。一是强化党建引领机制。居委会党组织坚持事前组织协调，将社区中的大小事用活泼生动的语言征询和告知小区居民、业主，群众动动拇指就能在第一时间看到和了解居委会、业委会工作和小区的动态，有效弘扬传递社区治理正能量。二是做深做细信息公开机制，把涉及社区管理和建设的5个大类23项信息列入平台发布范畴，尤其是重点突出业主维修资金使用、社区公共收益收支等党员群众普遍关注的事项，并增设信息精准推送功能，开通各类民生服务信息查询和预约。三是建立议事讨论机制，社区各项重大事项决策之前必须在"Yi"平台上公开，通过问卷调查、留言板、互动交流等方式征求群众意见，着力解决社区事务和社区管理闭门造车的问题。四是探索业主大会线上投票表决机制，通过实名注册，线上线下相结合，创新业主大会召开方式和业主投票表决机制，进一步拓宽群众民主参与渠道。

"Yi"平台的运营，架起了党和政府与人民群众之间的新型的沟通交流桥梁，激发了群众参与社区事务的积极性，拓宽了群众有序参与社区治理的途径和渠道，提升了基层群众自治的能力和水平，真正实现了"社区大事共商议、拇指表决更简易、党建引领添新翼"，为实现城市基层治理现代化提供了重要的经验借鉴。

"Yi"平台的运作实践启示我们：第一，落实群众对基层事务的知情权是群众有序参与社区治理的前提。唯有如此，才能激发群众的创造力，在社区打造出共建共治共享的社会治理新格局。第二，精准引领精准服务是实现社区治理创新的切入点。只有通过各种方式精准把握群众的实际需求，使社区治理的工作项目、服务等实现精准化，才能提高社区治理的水平和效率。

一、背景与起因

随着经济社会的发展变化，城市基层社区治理的事务日益繁杂，群众的民主意识不断增强，参与社区事务和社区管理的途径亟待进一步拓展。社区党组织作为领导基层社区治理、团结动员社区群众的核心，如何顺应这一趋势，积极探索新形势下群众有序参与社区治理创新的渠道和途径，是夯实党的执政基础、加强基层民主建设的关键环节，也是打造共建共治共享社会治理格局、实现城市基层治理现代化的应有之义。

2016年以来，针对新形势下社区治理难题，中共上海市闵行区梅陇镇党委围绕贯彻落实市委提出创新社会治理"1+6"文件精神，顺应"智慧党建"和"互联网+"智慧社区建设契机，以基层党建为引领，围绕有序扩大群众参与渠道和途径这个主题，抓住社区各类事务信息公开这个关键，整合社区中心、房管办、司法所、文体中心、社保中心、卫生服务中心等相关职能部门资源，利用微信公众号这个载体，开发建立了一套社区服务云端智能管理服务平台——社区微信"Yi"平台（以下简称"Yi"平台），以现代信息化管理模式，提高群众参与自治、共治的热情和能力，进一步推动社区治理创新。

二、做法与经过

"Yi"平台以社区范围内的党建、居委会、业委会与物业管理、平安建设、便民服务、文明创建等工作为主要内容，设立了"Yi社区"、"Yi平安"、"Yi家人"三大主栏目，集成了社区各类信息发布、便民服务、在线咨询、大调研、业主大会线上表决系统、云物业管理、用户身份标签管理和考核管理等诸多功能，形成了有序引导群众参与社区自治、共治的新机制。

1. 强化党建引领机制，弘扬传递社区治理正能量。社区内群众反映的一些重大事项，既是业委会的分内事，也是居委会的本职工作，因此居委会党组织的居中组织协调引领就显得更为重要。对此，

"Yi"平台明确：居委会党组织书记是小区自治、共治管理的第一负责人，居委会党组织专职副书记作为平台内业委会工作的辅导员并具体负责"Yi"平台各项操作，着力解决业委会参与社区建设的角色问题。同时还进一步规定，"Yi"平台是各居民小区信息的官方发布平台。通过平台发布的关于居委会、业委会、物业公司、社会组织等所有相关信息，必须在居委会党组织召开的"四位一体"会议通过后才能发布；未经党组织审核同意，业委会不得擅自将有关决定、合同、财务报告等信息公告于业主。

党建引领机制实施后，居委会党组织将每月一次的"四位一体"议事内容搬到了"Yi"平台上，将社区中的大小事用活泼生动的语言征询和告知小区居民、业主，群众动动拇指就能在第一时间看到和了解居委会、业委会工作和小区的动态，社区建设中的正能量由此被广泛弘扬传递。

比如，在望族新苑社区开展的小区消防演习活动，居委会事先在平台上征求了居民意见，征集到了热心志愿者的参与，并将所有工作安排和组织任务上传至微信平台。由于事前宣传组织到位，居委会、业委会和物业工作任务分配明确，在志愿者的积极配合下，消防演习取得了很好的效果。

又如，望族新苑社区设想增设地下车库门禁系统，在"四位一体"会议讨论后，居委会将方案征求意见稿上传至了"Yi"平台，并很快得到业主许多有益的建议，随后方案修改稿得到了群众的大力支持，在业主大会表决中得以顺利通过。

2. 做深做细信息公开机制，切实保障群众对基层事务的知情权。信息公开是居民群众参与社区自治的前提。对此，"Yi"平台将信息发布作为自身最基本的功能之一进行专门的设计和构建。

一是明确信息发布范围，把涉及社区党组织、居委会、业委会、物业和平安建设的 5 个大类 23 项信息列入平台发布范畴，尤其是重点突出党建项目化、社区四位一体管理、平安马甲、业主维修资金使用、社区公共收益收支等党员群众普遍关注的事项，加大公开力度，居民可通过关注手机微信号进入相应的栏目查看，同时居委会也可在后台查看文章的阅读量及阅读人员构成。

二是注重与当前重大工作推进相结合开展信息发布。如社区面临居委会或业委会换届时，关于换届工作的所有程序和工作安排也一并呈现在平台上，及时向社区群众公开，便于让群众了解整个换届过程；在全区开展创建全国文明城市活动期间，关于文明创建的各项工作信息也同时出现在平台，让群众及时知晓创建进程，自觉参与进来。

三是增设信息精准推送功能。"Yi"平台在运行过程中，始终坚持和完善差别化、个性化的服务形态和工作要求：对涉及全部 117 个小区的公共事务，由后台云端统一实行"一键推送"的方法，保证信息完整覆盖；对特定小区和特定事务，则实行"定向推送"，落实定向送达；对党员、楼组长、社区块长等特定对象，可以实行"精准推送"，专递直达。此外，平台还实现了对历史推送信息的永久留存及实时检索。

四是开通各类民生服务信息查询和预约。通过"Yi"平台，群众足不出户，就可以在手机上直接查询包括医保、计生、住房、工会、征地养老、助残、救助、就业促进、劳动保障等 14 类共 180 项民生办事指南，了解具体的办事流程、办理条件和政策法规。有法律咨询需求的群众也可以在"Yi"平台的司法咨询板块进行留言，由平台聘请的专业律师团队负责解答、提出法律意见。此外，"Yi"

平台还实现了社区内文体活动预约和家庭签约医生预约，极大地方便了人民群众的日常生活。

截至目前，"Yi"平台已累计发布各类信息约7500多条，有1.1万余人次通过平台查询或预约了民生服务项目，较为有效地解决了社区服务和社区管理中存在的信息不透明、不对称问题。

3. 建立议事讨论机制，落实群众的参与权、表达权和监督权。在重视信息发布的同时，"Yi"平台将收集群众意见建议作为自身的第二个重要功能，要求社区各项重大事项决策之前必须在"Yi"平台上公开征求群众意见，着力解决社区事务和社区管理闭门造车的问题。"Yi"平台通过在大调研栏目中设置问卷调查、听民声等栏目以及提供线上的互动交流等方式，使平台逐步发展成为动员广大群众参与社区建设、为社区发展建言献策的阵地。依靠此平台，全镇住宅小区业委会形成了收集意见、确定主题、制定方案、表决实施、组织协调等讨论事项五步工作法。

如梅陇二村141—185号社区在平台上征集到了社区群众最关心的是停车难的问题，不少业主因为找不到车位就将车子停进绿化带，晴天起灰尘，雨天溅泥浆。对此，业委会就是否增加小区停车位、如何改造绿化带打通生命通道改造等问题在平台上征询业主意见，经过反复讨论和研究，最终形成了具体方案。由于这项工作始终是在群众参与下推进的，因此得到了群众的积极响应，最后有80%以上的业主实际参与了业主大会的表决，通过率达到95%以上。而且在后续的工程实施过程中，在居委会党组织和业委会的组织协调下，小区业主积极配合，很快解决了梅陇二村居民的烦心事。

4. 探索业主大会线上投票表决机制，有序拓宽群众民主参与渠道。实践中组织召开业主大会很不容易，而且不管是集体讨论还是书面征求意见都存在不尽如人意的地方，容易出现假票、作弊投票等问题，由此产生的矛盾屡见不鲜，严重的甚至还会导致业委会工作陷入瘫痪。对此，我们把业主大会电子表决系统作为"Yi"平台的核心功能进行构筑，进一步拓宽群众民主参与的渠道。一方面，通过实行线上实名制注册，验证业主身份和房产数据，确认业主线上投票表决资格。另一方面，借助大数据管理优势，使用电子书面征求意见形式召开业主大会，有效地解决了业主大会"表决程序不清、投票数据不清、表决事项不清、组织不易、参与不易、统计不易、归档不易"等问题。此外，还将电子投票数据服务器存放于第三方上级机构——闵行区科委，确保线上投票数据可追溯、可查询，保证数据的公正性。

2017年8月和2018年6月，试点的西班牙名园社区利用"Yi"平台，"线上＋线下"相结合两次召开业主大会，成为沪上首个通过线上电子表决系统召开业主大会的居民小区。由于参与线上投票的业主可以在投票时间段内不受时间和地域的限制，因此虽然线上投票只有三天时间，但通过"Yi"平台签收表决票业主的投票率均超过了80%，相比于以往通过楼道公示、信箱发送及业主代表上门通知等线下传统方式，业主的投票率几乎增长了一倍。有了第一次线上投票的尝试，业主参与第二次线上投票数比第一次高出了16%。

三、成效与反响

社区微信"Yi"平台的开发运用，是社区党建引领下社区治理创新的重要探索和实践。经过两年多的探索实践，"Yi"平台目前已开发到3.0版本，全面覆盖了镇域范围内的全部117个社区，有26个居委会开通了在线实名注册验证，关注人数约为7万余人。"Yi"

平台的运营，架起了党和政府与人民群众之间的新型的沟通交流桥梁，激发了群众参与社区事务的积极性，拓宽了群众有序参与社区治理的途径和渠道，提升了基层群众自治的能力和水平，真正实现了"社区大事共商议、拇指表决更简易、党建引领添新翼"，为实现城市基层治理现代化提供了重要的经验借鉴。

1. 群众参与社区治理的积极性得到了进一步激发。"Yi"平台的信息发布功能，使社区各类工作更加公开、透明和规范，这不仅便于群众查阅和监督，让群众及时了解社区情况与动态，为群众参与社区治理奠定了基础，而且尊重了群众在社区治理中的主体地位，更有利于群众发挥"主人翁"意识，积极参与到社区治理中来。如西班牙名园社区推进"Yi"平台工作至今，已有2783人关注了"Yi"平台，有1241户业主已实名注册，占全部1789户业主总数的69%；绿地春申社区在建立"Yi"平台一年后，以实名制加入社区微信公众号的业主有377户，接近全部总数的56%，2016年该社区业委会利用"Yi"平台进行换届改选宣传，结果只用三个月就顺利完成了换届，实际投票率从过去的45%提升到了81%。

2. 群众有序参与社区治理的渠道和途径得到了进一步拓展。"Yi"平台的意见建议功能和在线表决功能，使群众可以摆脱时间、地点等限制，以无差别的方式在线提交反映问题、参与到对社区重大工作的讨论、协商、投票以及跟踪督促整改中来，群众在社区治理中的地位和作用得到进一步凸显，诸如停车难、业主大会召开难等一大批涉及群众切实利益的热点难点问题由此被提上议事日程。比如，物业管理矛盾一直是当前社区治理中的大事。为此，平台在"Yi家人"栏目中专门设置物业管理子栏目，开通一键整改功能。利用该功能，业主可以"找茬"物业管理中的不足，物业公司对业主在线提交的整改问题必须在三天内给予答复；业委会和业主可共同监督物业公司是否整改到位，业主可对物业公司的整改情况进行满意度评价；"Yi"平台还可根据业主的评价结果对全镇的物业公司进行排名。在此，群众的满意与否成为了衡量社区服务和管理水平的重要标准。

3. 群众有序参与社区自治、共治的能力得到了进一步提升。"Yi"平台的最大优势在于引导居民、业主、业委会和物业公司等多个主体有序参与社区建设和管理，强化了群众的自我管理、自我规范、自我服务能力，有效促进社区自治共治规范化与长效化。如南方三居从平台上获悉社区老年活动室内容单一枯燥的情况投诉后，立即组建了本社区志愿者监督管理小组，着手把居民群众的需求与社区自身条件有机结合起来，将社区老年活动室办成学习"充电"、拉家常和休闲娱乐的综合场所，满足了不同层次居民的需要，提升了居民的获得感和满意度。

四、经验与启示

"Yi"平台的推广应用，是梅陇镇党组织发挥领导核心作用，整合内部外部资源和线上线下资源，以开放性、系统性方式加强基层建设的制度设计，是深化基层民主制度、推进社区治理创新的积极探索和成功实践，从中我们得到两点经验与启示：

1. 落实群众对基层事务的知情权是群众有序参与社区治理的前提。社区治理体系的创新，离不开群众这一主体的全面认可、支持配合和积极参与。要实现这一点，关键是要尊重群众主体地位，切实保障群众对基层各类事务的知情权，把大多数群众的意愿放在社区建设和管理的首位。"Yi"平台的经验表明，知晓后才会有参与，只有群众的知情权得到了切实保障，后续的参与权、选择权、监督权才能够落到实处，群众才能够真正实现有序的民主参与，也才能激发出群众的创造力，在社区打造出共建共治共享的社会治理新格局。

2. 精准引领精准服务是实现社区治理创新的切入点。社区治理创新不是盲目的，要像精准扶贫一样，通过各种方式精准把握群众的实际需求，实现精准引领。"Yi"平台就是充分利用手机微信这一现代工具，运用大数据管理理念，加快组织之间、组织与社会群体之间的信息传递速度，使社区治理的工作项目、服务等实现精准化，从而有效地提高了工作效率，得到人民群众的好评。

（原载《组织人事报》2018 年 11 月 20 日）

印象梅陇

建强一张"红色网络"，提升"两新"党建实效

近年来，梅陇镇党委始终把深化"两新"党建实效，切实发挥区域党建平台作用作为党建工作的重点之一，以"人文、灿烂、卓越、和谐"的精神为引领，以"北优南拓、双轮驱动"为发展战略，通过不断对"两新"党建工作进行提质升级，精准定位，有效激发区域化党建活力，通过在镇域内建强"红色网络"，激发了"两新"组织融入区域化党建的内生动力，提升了"两新"党建工作的能级。

一、探索背景

非公有制经济党建是社区党建工作的延伸，随着近年来城市基层党建工作的不断深化和非公有制经济的蓬勃发展，非公有制经济党建已经成为区域大党建工作的重要组成部分。为此，梅陇镇党委在闵行区委的指导下，以"一轴四网"作为党建工作总体思路，紧紧围绕"两个覆盖"工作要求，建立"横向到边，纵向到底"的"两新"党建网络，充分排摸资源，调研需求，有效整合了区域大党建资源，为做实"两新"党建工作打下坚实的基础。

在"一轴四网"的全镇区域化党建格局里，170余家区域单位

通过党组织心手相连，织起"红色网络"——一个联盟、六大片区、X家单位，构筑了梅陇镇区域化党建工作的"1+6+X"的框架格局。在这框架之下，以72个基层党建服务站为支点，以12个党建服务分站示范点为标杆，以7个党性实践体验基地为载体，以10个新时代基层讲习所为窗口，将区域化党建项目与六大片区自身特点相融合，将区域化党建、居民区党建、"两新"党建有机结合，培育片区品牌特色。

二、主要做法

梅陇镇在打造"两新"党建"红色网络"的过程中，坚持党建引领，从"三张清单""三个阵地"到"三建融合"，充分使用区域化党建的"资源库"，让党建内涵更加充实、平台更加广阔、人心更加凝聚。通过6个党性实践体验基地，党员的党性得到了锤炼；通过贯穿全年、每季不同主题的公益系列活动，更多在职党员发挥了先锋模范作用；通过"党建项目化"运作，区域内广大党员打造了"创全"党建联盟共同体，全力以赴履行社会责任。

一是以三级架构为依托，坚持组织覆盖，夯实党建基础。梅陇镇"两新"组织具有小企业多、党员流动性强、企业分布散的特点。镇综合党委创新党建模式，提出了"两新"党建三级管理组织架构。"一轴四网"党建网格布局是以落实党委主体责任为主轴，以经济归口为抓手、利益与责任相一致为原则，形成以六个片区为依托的区域大党建网格、以村、公司集体经济组织为基础的基层党建网格、以镇企事业单位为主体的条线党建网格、以群团组织为骨干的党建服务网格，通过各网格的互补互融，进一步唤醒基层党员意识，激发基层党组织活力。在镇党委"一轴四网，三级架构"的党建架构

368

引领下，全镇还通过精细梳理出 35 个非公有制经济党建小网格，全面服务 86 个"两新"党支部、1200 余名党员。确保将每一个"两新"党员纳入系统，确保每一个党组织都能建起来，转起来。

二是以多部门共商为理念，坚持需求导向，党建资源共享。镇党委以"党员需求、人才需求、阵地需求"为导向，通过与党员、人才和员工的谈心、调研等，梳理出 10 个需求大类、100 多项服务内容，形成"两新党建服务需求库"。通过与区域化党建平台资源库匹配，形成党建引领的服务清单，为创智"两新"党建阵地提供信息前提。在镇党委牵头下，综合党委引入党、政、工、企各类资源，充分发挥区域党建合力，在基层党建网格上设立"职工之家""青年中心""妇女之家""区政协梅陇联络组联系服务点""区劳动人事争议职工法律援助工作站""区群团基层服务站"。引入驻区单位各银行机构等组成金融服务团队；引入华东医院、儿科医院等组成医疗服务团队；引入万庚文创、亦蓁母婴公司、家树建筑集团等组成文化服务团队；引入闵行区敏读会、钟书阁闵行公司、上海地铁维保公司等组成文化社团服务团队；引入联净公司、神舟汽车、天帆投资等企业组成双创服务团队等丰富党建资源，共享区域党建大平台。

三是以凝聚党群为目标，坚持创新思维，搭建阵地平台。梅陇镇依托"两新"党建网格，紧密结合党群一体化的服务空间品牌化建设，以党工共建为主要推进方式，建立了"悦慧"系列示范阵地，着力在新兴领域打造行之有效的党群工作载体。通过将"两新"党建与区域化党建、居民区党建有机结合，形成以 72 个基层党建服务站为支点，以 12 个党建服务分站示范点为标杆，以 7 个党性实践体验基地为载体，以 10 个新时代基层讲习所为窗口的多个党建活动阵地。在阵地运转过程中，结合两新领域党员少、白领多的实际，探索搭建以"悦慧梅陇"为品牌内涵的"党工共建"系列党建平台。打造出"悦慧·午间一小时""悦慧微信""悦慧·聚贤雅集社"等品牌项目,由党员为骨干,党群共同组成楼宇园区内的"社委会",以趣缘类、文化类的活动吸引凝聚青年群体。为吸引党员、白领积极参与,防止党建阵地空置,梅陇镇"两新"组织活动采用"积分管理制",即以"红色动力积分簿"的形式,为参加活动的党员和员工盖章积分,依据活动内容不同给予不同的分值,不同分值可以兑换由综合党委认定的非公有制企业的产品或服务。

四是以公益奉献为抓手,坚持正确导向,把握政治方向。在区域化大平台上,镇综合党委定期征集和收集社会公益需求和公益愿望,定期在"两新"组织中发布、招标,实现项目对接。同时,依托邻里中心,广泛开展"邻里"党建活动,举办企业开放日活动,引导更多"两新"资源服务社会,探索组织优势与生产优势的相互转化。动员"两新"组织及党员参与线上线下公益义卖。通过公益,激发两新党建活力和党员参与的动力,展示党建成果和两新公益事迹与组织形象,汇聚区域党建合力,实现"党建、公益、社会"有机融合。梅陇镇非公有制领域开展的活动中,中华优秀文化活动主题的占38.4%,组织生活和主题党员类活动占30.7%,营造了浓浓的正能量氛围。

三、主要成效

"红色网络"的有效运转,推动了党建资源进园区、进企业。通过上下联建、横向贯通的政企资源共享,形成了党建资源、政策资源、文化资源的集群效应。

一是"两新"党建工作能级得到提升,党的组织和工作全覆盖

形成长效机制。通过充分融入区域化党建大平台，梅陇镇非公有制经济织密了组织建设网格，基本实现了党的对非公有制企业的全覆盖，提升了全镇非公有制经济党的组织和工作覆盖水平，形成了"梅陇镇党委—30家村、镇属公司、行业事业单位党总支—'两新'党支部"的三级架构，制定了各村、公司党务干部工作责任制，党务干部主动认领归属自己管辖的"两新"党建任务，使"两新"党建考核责任制有了落实基础，也使"两新"组织党建工作的开展更顺利、信息更新更及时，镇党委开展的各项工作和活动在"两新"组织得到落实。

二是党政工企各项资源得到整合，企业、党员、白领共享梅陇发展成果。梅陇镇"两新"组织通过"午间一小时""主题党日"等形式，举办各类活动。综合党委与总工会党组联手，推动非公有制企业员工加入工会组织、参与工会活动；与镇社保中心党支部联手，为外来务工人员提供住居政策等咨询；与镇工商税务招商等单位党组织联手，在非公有制企业党员及员工中解读相关政策；与区图书馆党支部联手，定期更新"红色藏书阁"的书籍并添置电子阅读机等。2018年以来，举办了如悦读圈、讲习所情景党课、修齐讲堂名家谈、高温下的坚守慰问、月圆益梅，公益慰问、嘉人花艺插花课、品味生活烘焙课、手工皮具制作、油纸伞等活动，极大地丰富了青年白领们的生活，粉丝们也逐渐成长为了"悦慧梅陇"各项活动的骨干和决策力量。

三是"两新"党组织的组织力得到增强，党员群众提高了社会责任感与组织归属感。通过组织园区白领参与读书、讲座、手工等文化活动，培育社会主义核心价值观，传播中华优秀文化，滋养青年白领身心，以趣缘类、文化类的活动吸引凝聚青年群体。同时，梅陇镇"两新"党组织和近1000名党员志愿者热情参与到公益服务中，开展一系列助困、助医、助学、赈灾等关心关爱等公益慈善活动200余次，近600名困难群众从中受益，增强了社会组织生命力，取得了良好的社会反响。同时在党建引领公益慈善活动中，涌现出了一批优秀党组织、优秀党务工作者和优秀共产党员。在上海市建党九十周年之际，梅陇镇1名"两新"党支部书记被评为优秀党务工作者；闵行区委表彰中，"两新"组织有1个党支部被评为区级优秀党组织；2017年度，1名"两新"党支部党员获评"上海市优秀志愿者"称号；还有多个"两新"支部获梅陇镇"公益两新"示范阵地称号，并组建了5支"先锋赞"党员志愿者队伍。

四是"两新"组织发展得到精准服务，党建工作优势切实转化为发展优势。 在"红色网络"内，非公有制经济组织利用"两新书记沙龙"等平台导入区、镇相关职能部门作为"创智两新服务导师部门"，为企业发展提供丰富养分。企业服务工作组不定期召开企业服务推进会、服务人员培训会，归集园区企业信息，梳理出了涉及创业指导、财税、社保、产权、筹融资、科研、市场开拓、企业资质、法律事务9个大类70余项企业服务菜单，开展了企业税收优惠政策实务、社保医疗政策讲座、企业微信公众号管理、外汇风险防范、居住证积分及转户口政策解读讲座等培训互动，受到企业的欢迎。相关职能部门通过区域党建大平台，向企业送政策、送资源、送服务，切实促进了非公企业稳步发展。

四、经验启示

近年来，梅陇镇党委强化城市基层党建工作，建强"红色网络"，着力加强党建服务功能，精心梳理服务清单、整合各类资源，充分依托区域化大党建平台和非公有制经济党建网格，共同服务企业、服务党员、服务群众，履行社会责任。通过边建设边探索，在实践中完善，在完善中逐渐形成一套行之有效的经验。

一是以项目为抓手，推动两新组织融入区域化党建大平台。梅陇镇党委在"党建项目化"的工作基础上，不断深化项目内涵。在镇党委的引领下，梅陇镇"两新"党建项目紧紧围绕"两大平台三个阵地"的功能设立。它是引领平台，也是凝聚平台；是党员职工教育的红色港湾；是开展群团活动的活力之源，也是党政工企资源项目整合、企业人才的服务之根。通过项目的运作，促进非公有制经济组织积极开展党建联建活动，充分融合党建服务分中心、群团基层服务站、梅陇新空间、招商服务分中心、社区事务受理服务点、闵行区学雷锋志愿服务站、城市书房、人才工作室等功能，以达成项目目标。

二是以清单制为牵引，推动资源、需求、服务有效精准对接。坚持需求导向，形成服务清单。梅陇镇党委以"党员需求、人才需求、阵地需求"为导向，通过与党员代表、人才代表和员工代表的谈心、调研等，梳理出相关清单内容，全镇 10 个需求大类、100 多项服务内容，形成"两新企业服务需求库"，从而梳理出党建引领的服务清单，为党建优势和生产优势的转化提供需求信息。镇"两新"党建自区域化党建平台上，引进和培育了多个成熟的项目，譬如可以谈心休闲的"青年中心""老舅妈工作站"和"午间一小时"；又如帮助我们学习成长的闵图"敏读会""讲习所"、修齐讲堂；再如大家玩聚在一起的"聚贤雅集社"；还如答疑解惑的 HR 沙龙、创新创业人才沙龙……服务站还设立了接待服务窗口、阅读室、主题展示空间、多功能洽谈休闲空间、党员政治生活馆等多个功能空间。服务站将为党组织生活、各类主题活动、文化沙龙活动、讲座宣讲活动等的开展提供场所，是一个真正百搭的服务之家。

三是以党组织和党员为主体，增强基层党组织的政治功能。大胆任用体制内、体制外优秀干部担任"两新"党组织支部书记。对于楼宇、园区内的联合支部，积极倡导由村、公司体制内干部（如招商经理、物业经理或党务干部等）兼任联合支部书记，利用体制内在职干部的公信力和丰富的党建工作经验，推进支部工作的开展，使联合支部更好地落实上级党委交办的各种任务。目前，梅陇镇党委在"两个覆盖"工作基础上，注重充分发挥基层党组织的作用，探索通过"两新"党组织支部书记沙龙，结合公益"两新"、创智"两新"、文化"两新"和活力"两新"等党建项目，经过专职"两新"党组织支部书记进行运作，树立品牌，整合力量，最大程度地体现组织优势向生产优势转化。

五、体会思考

今后，梅陇镇将努力利用好区域党建大平台，织好"两个覆盖"大网格，提升服务优势、资源优势、整合优势，始终践行好党建阵地、活动阵地、凝聚阵地、价值观引领阵地作用；以党建引领为主旋律，以服务为中心，全心全意为企业人才服务，积极为园区、企业营造更好的营商环境，搭建起服务企业的大平台，促进园区经济健康发展、人才服务可持续发展，最终实现党建工作"组织、凝聚、服务、提升"的功能，助力好"宜居、宜商、宜业"的新梅陇的建设伟业。**一是导入更多政府资源，服务小微企业、双创企业加快发展。**党建服务发展是党组织在非公有制经济中的重中之重。应当把闵行区发改委、区经委、区科委等部门及相关高等院校资源导入

"两新"组织，导入党建阵地，并为之设计相关平台及活动，为小微企业和双创企业提供政策资源、创新资源等服务。**二是导入更多党政工企资源，推动非公有制企业党群共建。**非公有制企业党员较少、非党群众占绝大多数，因此党的群众工作是非公有制企业凝聚力建设的重中之重，导入更多群团资源是当务之急。在"党工共建"转为"党群共建"过程中，要通过导入镇团委、镇妇联、镇文化中心等群团部门及资源，推动成立联合团支部、女职工委员会、文化社团等组织，更好地服务园区非公有制企业员工，增强员工的获得感、幸福感。**三是导入更多社会资源，引领非公有制企业担当社会责任提升"两新"组织荣誉感。**"两新"党建不仅是服务非公有制企业的，更要引领非公有制企业，推动企业社会责任建设，引导非公有制企业服务社会、服务社区、服务员工、服务消费者等。同时，要不断通过引领激发企业党组织的内生动力，让"两新"组织自转体系日趋完整。建议成立以党员为骨干的志愿者队伍，以及整合科技型企业优势及资源，为社会提供高科技、时尚性、惠民生的公益服务，造福梅陇镇居民。**四是导入更多技术手段，聚焦基层党建工作中的难点，激发区域党建工作活力。**由镇综合党委牵头开发了"两新益栈"平台，相较于传统的实体党建平台，"两新益栈"以时下流行的微信公众号为依托，可以通过手机动态实名管理党员，逐步解决"两新"组织党员动态管理较难、学习平台较少等问题，切实推动"两新"党建工作的有效性提升。同时，也积极面向市场寻找"党建＋"新载体，力求将最前沿的技术应用在党建服务上，提升党建服务能级。

（原载《组织人事报》2019 年 1 月 31 日）

后　记

　　本书试图以当代视角，在传承历史的基础上，记录下梅陇近年来，特别是近 10 年来的变迁。之所以把 10 年作为一个时间刻度，是因为这 10 年是梅陇在新的发展理念指引下润步前行的 10 年。

　　这 10 年是梅陇党员干部队伍思想发生根本性转变的 10 年，"功成不必在我"和"功成必定有我"成为大家的广泛共识。同时，思维方式的改变、工作方法的创新，为梅陇转型发展提供了广阔的思维空间，也成为攻坚克难的法宝；这 10 年是梅陇人文建设跨越性发展的 10 年。社会主义核心价值观深入人心，"人文、灿烂、卓越、和谐"的城市精神被不断塑造；这 10 年是梅陇城市功能实现结构性提升的 10 年，随着"一路一带一线一廊"重大工程的推进，城市面貌日新月异，"天更蓝、水更清、城更美、人更好"的"宜居、宜商、宜业"新梅陇已呼之欲出。

　　一个人走得再远，也离不开文化的根，更不能忘记历史的启示。我们要从历史的变化之中领悟亘古不变的规律，并以史为鉴。

　　在编撰本书的过程中，刘辛培老师热心指导并及时为我释疑解

印象梅陇

惑，张乃清老师的《梅开陇上——梅陇镇历史文化图志》，为本书提供了丰富的史料，灵岩先生的篆刻为本书增添了艺术气息，在此一并表示感谢。

谢林殷
2019 年 4 月 25 日

图书在版编目(CIP)数据

印象梅陇/谢林殷主编. —上海:上海人民出版
社,2019
(人文梅陇丛书)
ISBN 978-7-208-15997-6

Ⅰ.①印… Ⅱ.①谢… Ⅲ.①闵行区-概况 Ⅳ.
①K925.13

中国版本图书馆 CIP 数据核字(2019)第 150504 号

责任编辑 赵蔚华
封面设计 张志全工作室

人文梅陇丛书
印象梅陇
谢林殷 主编

出 版 上海人民出版社
　　　　 (200001 上海福建中路 193 号)
发 行 上海人民出版社发行中心
印 刷 上海商务联西印刷有限公司
开 本 890×1240 1/32
印 张 12.5
插 页 2
字 数 275,000
版 次 2019 年 8 月第 1 版
印 次 2019 年 8 月第 1 次印刷
ISBN 978-7-208-15997-6/I·1845
定 价 68.00 元